策略　ブラック　トーク術

子どもを騙す話し方

中村 健一 著

JN239935

明治図書

はじめに

結局、一番大切なのは、教師のトーク力なんだよな。

これ、親友・土作彰氏の言葉である。この言葉を聞いた時、私はどうしたか？聞き流した。私は、真面目な話が嫌い。そこで、すぐに、ふざけた話に切り替えた。

しかし、事態は、一変する。明治図書の編集者・佐藤智恵氏から、メールが来たのだ。「今年も、なんとか、11冊目の『ブラック』を書いてほしい。テーマは、『教師のトーク術』では、どうか？」と。メールを読んで、土作氏の言葉を思い出した。

『ブラック』は、10冊で終わる予定だった。それ以前にも、何度も、やめかけている。「最後のブラック」と書いたことも、何度も、あった気がする。次の『ブラック』が出る度に、「詐欺だ！」と叫んだ。そんな読者も、少なくあるまい。

でも、土作氏も、「トーク力」。佐藤氏も、「トーク術」。なんか、運命を感じてしまったんだよな。いや、正直に言おう。「トーク術」がテーマなら、書けそうだと思ったんだ。当然の話だが、体罰は、禁止されている。私が教師になった30年以上前でも、すでにアウト。だから、私も、子どもに暴力を振るったことはない。どんな困難校でもだ。手が出せない。となれば、我々教師に残された「武器」は、「言葉」だけ。

子どもを上手くコントロールできるかどうか？は、教師の「言葉」にかかっている

と、言っていいだろう。そして、私も、子どもたち相手に、様々なトークをしてきた。教師の仕事は、しゃべることなのだ。

そこで、冒頭の「一番大切なのは、教師のトーク力」という、土作氏の言葉を思い出した。聞いた時は、全く興味がなかったはずだ。それが、ウソのようである。

真面目に「なんでトーク力なの？」と、土作氏に聞いてみた。すると、土作氏は、

言葉だけが、人生を変える

とまで、言い切る。土作氏自身、教師になったのは、「あんた、教師に向いてるんちゃう」という、母親の何気ない一言だったそうだ。

土作氏は、教師の言葉で「指導の意味づけをする」ことが大切だとも言う（「〇〇しさい」と言うだけでなく、そうすることの理由、目的、価値などを伝えることだと理解している）。まあ、これについては、後で、少し詳しく述べるかな（第2章「学級通信を読み聞かせて熱く語れ」を参照）。

そんな土作氏には、「トーク術」に関する著書が、たくさんある。土作彰著『絶対に学級崩壊させせない！ここ一番の「決めゼリフ」〈生き方〉に迫る深いいいクラスづくり』（明治図書）などは、爆発的に売れた。「トーク術」を必要としている読者が、多い証拠だ。ということで、やっと、やる気になった。今年も、『ブラック』を書こう！

コロナ禍、私はかなり、おかしくなっていた。大好きな親友・土作氏とも、全く連絡を取らない有り様だ。連絡をもらっても、ことごとく無視し続けた。

まあ、私は、コロナに慎重だったしね。コロナに感染して、保護者や子どもたちから非難されることが、本当に怖かった。今となっては、たとえ感染したところで、大丈夫だったと思える。しかし、初期の感染者に対する目は、怖いほど厳しかった。

それなのに、コロナ禍。平気で、出歩く男がいた。土作氏だ。この親友が、たちが悪い。コロナはただの風邪だと言う。ワクチンは毒だから、打っていない。行動制限も全くなし。こんな男、どっかで見たぞ。そうそう最近、銃撃されて、ニュースになっていたな。アメリカ大統領・トランプ氏だ。コロナをただの風邪扱いして、自由に暮らす「トランプ・土作」。コロナに怯える「一般人・中村」。一緒に過ごせるわけがない。

しかし、コロナが終わった。いや、終わっていないか。でも、少なくとも、私はマスクをつけていない。そして、土作氏とも、交流を再開した。土作氏と過ごすと、本当に楽しい!

しかも、土作氏の言葉から、刺激を受けられる。『ブラック』も、書く気になった。今回の『ブラック』は、親友・土作彰氏に感謝しながら、筆を進めることにする。

今日、保護者の個人懇談が終わった。夏休み前、最後の登竜門だ。無事にクリアし、夏休みに突入。1年間で、一番好きな日だ。さあ、今年も、『ブラック』を書き始めよう。

2024年7月18日　1学期の個人懇談を終えた、1年間で最高に幸せな日に

「気分は、もう夏休みだ!」

中村　健一

もくじ

第1章

4月の学級開きで騙す「詐欺トーク」術

第2章

日常生活で騙す「詐欺トーク」術

第3章

学年、全校を騙す「詐欺トーク」術

第4章

おまけ『ブラック』中村の遺言状

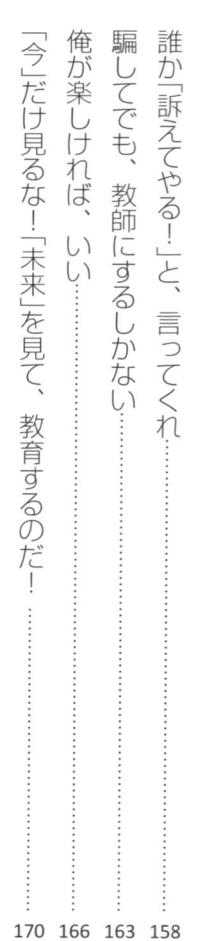

第1章

４月の学級開きで騙す「詐欺トーク」術

子どもたちが話しかけたくなる「ウソ餌」をまけ

私は、４月の大切さを、くり返し説いている。

学級づくりは、４月が全て！
学級が１年間もつかどうかは、４月の１ヶ月で、100％決まってしまう

とさえ、言っている。まあ、これは、ウソ。実際は、70％ぐらいか。

４月がんばったからといって、残りの11ヶ月も手は抜けない。少しでも手を抜くと、学級崩壊の危機は、すぐにやってくる。そのぐらい、最近の学級は安定しない。

それでも、私は「４月が全て」と、平気で、ウソをつく。「100％決まってしまう」と、

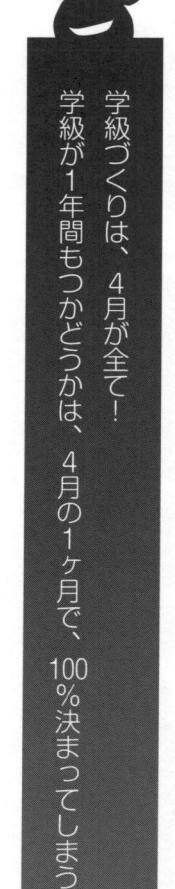

平気で、ウソをつく。

読者に4月の大切さを説くための、トーク術、文章術だ。ウソで、危機感を煽る。ウソは、悪いことではない。上手にウソをつくことで、読者にそうだと思わせることができる。

目的を達成するためなら、平気で、ウソをつく。それが、プロ教師である。

読者が4月、手を抜かなくなれば、それでいい。4月、全力で学級づくりをするようになれば、それでいい。どんな手を使っても、いいのだ。ウソをついたって、いいのだ。

4月の新年度初日。私は、子どもたちの心をツカむことに、全力を注ぐ。「この先生で良かった！」「楽しいクラスになりそうだ！」と、期待をもたせるためである。

私は、子どもたちの心をツカむためにも、平気で、ウソをついている。

まずは、本書テーマのトーク術ではないが、鉄板ネタ。それは、

黒板に、女の先生の絵を描いておく

というネタである。学校で一番若い女の先生に、声をかける。そして、私が担任する教室の黒板に、女の先生の絵を描いてもらうのだ。

「楽しいクラスにしたいわ♡」などと、コメントも書いてもらう。もちろん、ハートマークも忘れない。まあ、細かいことを言わなくても、大丈夫。任せてかいてもらえば、教室が、若い女の先生の雰囲気になる。

子どもたちは、クラス分けの表を見る。そして、新しいクラスの教室に入ってくる。黒板には、女の先生の絵。たった、これだけのことだ。しかし、子どもたちは、思う。「このクラスの担任は、女の先生だ」と。

そして、誰が担任か分からないまま、始業式を迎える。校長から、担任発表。

「6年1組の担任の先生は、…中村健一先生」

校長の言葉に、どよめきが起きる。「え!?男!?」と、口にする者もいる。

私は「してやったり」のドヤ顔で、子どもたちの前に立つ。

教室に帰れば、子どもたちが、私の元に寄ってくる。そして、口々に、

「俺、絶対、女の先生だと思ってた!」

と、笑顔で、話しかけにくる。黒板に女の先生の絵を描くことは、

子どもたちが話しかけたくなる「餌」をまく

ことになる。「このクラスの担任は、女の先生だよ」と、絵でウソをつく。ウソで、子どもたちの心を、わしづかみにするのだ。話しかけずには、いられないようにするのだ。

本書のテーマ、トーク術でも、ウソは使える。最初の自己紹介。私は「23歳」だと言う。今年度最初、実際は「53歳」だった。つまり、30歳もサバを読んでいることになる。

私のようなベテランなら、30歳下の年齢を言う。若手なら、30歳上の年齢を言う。

これ、立派なトーク術である。子どもたちは、必ず、話しかけにくる。

「先生、絶対、23歳じゃないよね。40代に見えるもん」

くり返すが、私は「53歳」。「40代」が、妙に、嬉しい(笑)。子どもは、本当に、かわいいものである。いずれにせよ、

自己紹介で、バレバレのウソをつく

というトーク術は、新年度初日、非常に有効に機能する。

子どもたちは、「この先生、面白い！」と思う。ウソにツッコみたくなって、教師に話しかけにくる。子どもと教師の距離を、グッと縮めてくれるトーク術だ。

さらに私は、平気で、ウソをつく。「先生は、元嵐のメンバーです」と、言うのだ。

子どもたちからは、「え～！」という声が上がる。そこで、非常に真面目な顔で、冷静に、言っておく。

「でも、他では、言わないで。絶対に、内緒。マスコミが騒ぐと、いけないからね」

子どもたちは、私のウソに、笑顔で応える。


子どもの心をツカむためなら、なんでもしよう。ウソでもつこう。

ただし、ウソは、バレバレのものに限る。誰もが「絶対にウソだ」と、分かるものでなければならない。微妙なウソは、信頼を損ねる。

目標達成のためなら「悪い冗談」も許せ

「先生は、23歳です」

と、ウソをつく。すると、子どもたちは、私に近寄ってくる。そして、

「絶対、23歳のわけがない！」

などと、口々に言う。私は、極めて冷静に、

「23歳って、言ってるじゃんか。どう見ても、20代前半のお兄さんだよね」

と答える。絶対にウソだとは認めない。それが次の会話につながる。次の笑いにつながる。

ウソは、つき続けるに限る

のだ。中には、

「先生、しわがいっぱいあるじゃん。絶対、23歳じゃないよね」

と、失礼なことを言う子もいる。読者がこう言われたら、どう答えるだろうか。

最悪の答えは、怒ること。「そんなこと言うのは、失礼だ」と、指導すること。

今どきの子どもは、相手を傷つけながら交わろうとする

ことを理解した方がいい。このぐらいは、彼ら彼女らにとって「冗談」でしかない。そして、こんな「冗談」を言いながら、相手に近づいてくるのだ。

まいた餌に食いつき、せっかく、教師に近づいてきた子どもたちである。それなのに、「失礼なこと言うな！」と、叱ってしまえば、おしまいだ。「話せないヤツ」「冗談の分からないヤツ」と、烙印を押される。そして、子どもは、教師に、背を向ける。

距離を近づけるために、仕掛けたトークである。それなのに、怒って、距離を遠くするのは、本末転倒。

目的達成のためなら、なんでもする

のが、プロである。怒ってしまう教師は、プロになりきれているとは、言えない。

くり返すが、今どきの子どもたちは、傷つけながら関わろうとしてくる。

「先生、そんな顔で、よく生きていられるね」

「先生、そんな顔だったら、絶対、モテない。絶対、彼女いないでしょ」

こんな失礼なことを、平気で言う子も多い。そんな時も、怒ってはダメ。指導してもダメ。

「先生の顔、お母さんそっくりなんだけど。先生のお母さんは、この顔で、80歳まで、たくましく生きているよ」

「この顔だから、モテてモテて、仕方ない。今も、彼女が、100人いるよ」

こんな感じで、適当に返す。子どもの冗談に、ムキになっても仕方ない。

子どもたちの悪い「冗談」にも付き合う。そんな、余裕のある大人であれ。

余裕のある大人の対応が、子どもたちの信頼を勝ち得るのだ。

「ウソ餌」を保護者懇談会でもリサイクル活用せよ

新年度最初、保護者を集めて、学級懇談会が行われる（以下、保護者懇談会）。その時は、教師の自己紹介から、始まることが多いはずだ。

その時には、「23歳です」という、ウソが生きてくる。「フリ」が生きてくる。

私は、自己紹介の最初に、次のように言う。

「この度、担任になりました中村健一です。よろしくお願いします。子どもたちには、23歳と言っています。でも、…見た目で分かる通り…ウソなんですね」

この言葉に、笑いが起きる。ツカミは、ＯＫだ。さらに、

「実は、見た目の通り、…30年以上教師を続けている、大ベテランです」

と、続ける。「大ベテラン」であることを強調するのだ。保護者は、ベテランの方が、安

心する。経験のあるベテランなら、安定した学級をつくってくれると、信頼する。

ここで、信頼をさらに高めるために、次のように言う。

「私のようなベテランになると、子どもたちと距離が遠いのを感じます。距離の遠さは、不安につながります。そこで、子どもたちに『23歳』と、言いました。この作戦が成功して、たくさんの子どもたちが、『先生、絶対、23歳じゃない！』と、笑顔で話しかけにきてくれています」

「23歳」は、子どもと距離を近づけるための「策略」であることを説明する。ふざけるだけでない、真面目な教師をアピールするように話す。真顔で話す。

さらに、次のようなエピソードも紹介する。

「子どもたちは、かわいくて、いろいろ言ってきます。たとえば、ある子は、『先生、絶対、23歳じゃない！絶対、40代だ』と言ってくれました。私は、50代なので、すっごく嬉しかったです。本当に、いい子たちです」

保護者から、笑いが起きる。「40代」は、さっきも紹介した話。でも、嬉しかったんだよな。そこで、もう一度、紹介してみた（笑）。

ちなみに、このように、子どもたちの事実をもとに、話すことが大切だ。このエピソードで、子どもたちが実際に、嬉しそうに話しかけてくれているのが伝わる。

やはり、具体的な話には、説得力がある。「たとえば」を使って、具体的な話をしよう。

だから、『ブラック』では、「たとえば」を多用している。だから、売れる。

私の自己紹介を終え、「23歳」に対する子どものエピソードを紹介した。さらに、他の場面での、子どもたちの様子を伝える。もちろん、良いところを中心にだ。

「6年生は、最高学年。子どもたちは、最高学年として、がんばってくれています。たとえば、始業式では、最高学年として、立派に振る舞ってくれました。きれいな『気をつけ』をした立ち姿を、全校にお手本で見せてくれて。お陰で、他の学年も、素晴らしい態度で、始業式をすることができました。これからも、全校のお手本になれるよう、最高学年として、厳しく鍛えていきます」

子どもたちの様子を、具体的に話す。と同時に、私が、子どもを鍛え育てる、厳しい教師であることも、アピールする。さらに、子どもたちの学級での良さも話す。

「クラスでは、驚くほど素直で、よく笑う子どもたちです。エネルギーにあふれていて、どんなことも、やりたがってくれます。たとえば、学級委員長にも、全員が立候補してくれました。打てば響くので、授業をしていても、他のことをしていても、すっごく楽しいです！教師冥利に尽きます。このクラスの担任になれて、本当に幸せです！」

素晴らしい子どもたちだ、と伝える。このクラスの担任で幸せだ、と伝える。自分の子どもが褒められて、嬉しくない親はいない。この子たちの担任で幸せだ、と伝える。自分の子

「こんなにかわいい子どもたちに育てていただき、ありがとうございます。みなさんの子育てが、教育が、素晴らしい証拠です！」

と、おべっかを言うことも忘れない。保護者だって褒められて、悪い気はしないのだ。

最後に、次のように言う。

「何か、全体で話したいことはありませんか？ありませんよね。個別にお話がある方は、残ってください。私もしばらく、教室にいますので。本日は、ありがとうございました」

こう言って、保護者懇談会を終わらせる。私は言葉通り、教室にはいる。しかし、残って話す保護者なんて、滅多にいない。みんな、早く帰りたいのだ。

それにしても、今書いてみて、思った。俺も、結構しゃべっているな。時間にして、2

分。2分でも、ものすごく長く感じる。それなのに、10分、20分話す人の気が知れない。

長く話す方が誠実さが伝わる、と考えているのかも知れない。これ、大間違い。

保護者懇談会の最大のコツは、できるだけ、短時間で終わらせること

だと、心得よう。保護者は、忙しいのだ。早く帰りたいのだ。

教師の長々とした話を聞いておくのは、苦痛でしかない。きっと「早く終わらないかな」「早く帰りたいな」なんて、思っているに違いない。

それなのに、長々と話をする教師は多い。しかも、私の知る限り、多くの教師は話し下手。下手な話でも、素直に聞いてくれる子どもたちを、毎日相手にしているからだろう。

教師は、自分の話し下手を、自覚するべきだ。
そして誰も、自分の話なんか聞きたがっていないことを、自覚するべきだ。

保護者懇談会は、とにかく早く終わらせるに限る。それだけで、保護者の信頼は上がる。

ウソでいいから、「2人だけの物語」をつくれ

学級づくりは、「集団」づくりである。教師は、バラバラの子どもたちを、1つの集団にまとめ上げていく必要がある。

その一方で、「個」への対応も、欠かせない。今どきの子どもは、承認欲求が強い。「その他大勢」では、嫌なのだ。誰もが、「主役」になりたがる。だから、

教師は、一人一人と、つながっていかなければならない。

逆説的だが、「個」を大切にして、一人一人とつながる。そして、一人一人の信頼を得る。それが、学級づくりに欠かせない。「集団」にするために欠かせない。そこで、

という作業が、これからの学級づくりに、必須となってくる。

たとえば、新年度初日。私は、自己紹介の中で、次のように言う。

「先生は、ジャンケン王です。生まれて一度も、ジャンケンで、負けたことがありません。ジャンケンの世界大会で、優勝したこともあります」

子どもたちは、間違いなく、ジャンケン勝負を挑んでくる。そこで、みんなの前で、次々と、勝負をする。

勝てば、「ほら!」と、威張る。連勝でもしようものなら、さらに、威張る。

しかし、ジャンケンで、勝ち続けられるわけがない。私は、普通の男である。ジャンケン王は、所詮、嘘っぱち。

だから、必ず、ジャンケンに負ける時がくる。その時は、次のように言う。

「君の名前は、なんだ? 浜崎将也くんか。君は、中村先生を生まれて初めて、ジャンケンで倒した男だ。浜崎将也、君のことは、一生忘れないよ。よろしくね!」

そして、固い握手をする。学級通信でも「中村先生を生まれて初めてジャンケンで破った男」として紹介する。

これで、この子と私の物語が、1つできあがる。ストーリーと、言い換えてもいい。いや、英語にしただけか（笑）。

こうやって、子どもたち一人一人と、物語をつくる。そして、つながる。これからの教師に、必須の仕事の1つである。

となれば、物語をつくれるような、ウソを語るトーク術も必須である。

ちなみに、「中村先生を生まれて初めてジャンケンで破った男」の肩書きを、1回しか使わないのは、もったいない。たとえば、クラスで「勝ち残りジャンケン」（先生とジャンケンして、負けた子から座っていく。最後まで残った子が、優勝）をする時。

「今日は、中村先生の代わりに、この人にジャンケンをしてもらいましょう。ジャンケンと言えば、この人、…中村先生を生まれて初めて破った男、浜崎くんです！」

こんな風に紹介して、ジャンケンを浜崎くんに頼む。浜崎くんは、得意顔。そして、浜崎くんは、クラスの人気者になっていく。

教師の好きなもの3つ、すら「餌」になる

「ジャンケン王」のトークネタを紹介した。新年度初日に、子どもの心をグッとわしづかみにする。間違いのない、鉄板ネタだ。

しかし、この程度のネタでも、抵抗のある教師がいる。教師は、真面目だからだ。私も当然、真面目である。しかし、私以上に、真面目な人もいるだろう。

「子どもにウソをつくなんて…」と、抵抗を感じる教師もいるはずだ。だって、ウソは、いけないことだもんね。そう、嘘つきは、泥棒の始まりなのだ。

そんな教師は、無理する必要はない。教師には、キャラがある。

自分のキャラに合わないことを、無理にしても、良い結果を生むことはないと、私は思っている。

そんな真面目な教師だって、子どもたちの心をツカむ必要がある。子どもたちとつながる必要がある。そこで、次のトーク術だ。

自己紹介の時に、好きなものを3つ言っておく。

このぐらいのトーク術なら、真面目な教師も、真似できるだろう。私は、

「中村先生は、サンフレッチェ広島と、広島東洋カープと、ラーメンが大好きです」

と、言うことが多い。すると、子どもたちは、

「先生、サンフレ、好きなの？誰が好き？俺は、満田が好きだけど」

「先生、私、カープの試合よく見に行くよ。おじいちゃんが、好きだから」

「どこのラーメン屋に、よく行くの？僕は、下松市の紅蘭に、よく行くよ」

と、話しかけにくる。

**教師の好きなものを言っておくだけ。
それだけで、まさに「話しかけたくなる『餌』をまく」ことができるのだ。**

子どもたちの好きなものが分かれば、教師からも、たくさん話せる。

たとえば、カープ好きの子に、

「昨日、カープの試合を見た?!大瀬良、やったよね!ノーヒットノーランなんて、久しぶりに見た!」

と、声をかける。その子と盛り上がること、間違いなし。

子どもとつながるためには、トーク、おしゃべりが欠かせないのだ。ちなみに、

教師が、本当に好きなものを言う必要はない。

たとえば、クラスには、絶対に押さえておかないといけない、「やんちゃ君」がいる。その子がジャイアンツファンだとしたら、私はためらわずに「ジャイアンツが好き」と言うだろう。

そういえば、以前は、

「中村先生は、うずらの卵が、死ぬほど大好きです。うずらの卵さえあれば、ご飯が何杯でも、食べられます」

と、言っていたな。もちろん、私は、うずらの卵が好きではない。また、うずらの卵は、ご飯に合わない。ご飯が進むわけがない。いや、私は、白飯が苦手だった。つまり、全部、ウソ。

それでも、うずらの卵を選んでいたのには、訳がある。うずらの卵は、給食によく出てくるからだ。うずらの卵が、給食に出れば、

「先生、うずらの卵、何個入ってた?俺、５個も入ってた!」

と、嬉しそうに、話しかけてくる。

うずらの卵だけ、山盛りについでくれて、

「先生、どう?幸せでしょ?」

と、言ってきた女子もいる。そんな時は、幸せそうな顔をして、もりもり食べる。

「すっごく美味しい!嬉しすぎて、涙でてきた!」

なんてウソも、平気でつく。いやいや、ここで紹介したのは、ウソがつけない真面目教師のためのものだった。ごめん。

本名を偽ってでも、子ども心をツカめ

さらに、新年度初日のトークネタ。これも、私の定番ネタ。鉄板ネタである。

「中村先生のフルネームを、覚えている人はいますか?」

まずは、こう話を振る。そして、手を挙げる子がいれば、指名する。「中村健一先生」

と、正解を言う子がいたら、

「もう、覚えてくれたんだね。嬉しいなあ。君の名前は、何? よし、先生も、もう覚えた。〇〇〇さん、1年間よろしくね!」

こう言って、クラスみんなで、拍手も贈る。

「でもね。中村先生の本当のフルネームは、実は、と〜っても長いんだよ」

こう言うと、子どもたちは、興味津々。さらに、

「あまりに長いので、短くして、『中村健一』と呼ばれています。『ミスタードーナツ』が『ミスド』と呼ばれているようなものですね」

と、続ける。今年は、「ミスド」にした。去年までは、「キンプリ」。でも、2人になっちゃったしなあ。本当は、ここは、女子の心をツカむためにも、アイドルグループにしたいところ。でも、今年は、思いつかなかったのよ。

さらに、次のように言う。

「今から、黒板に、本名を書きます。長～いですが、担任の先生の名前なので、必ず覚えなければなりません。がんばって覚えて帰って、お家の人に教えてあげてくださいね」

私は黒板に、長～い名前を書き始める。すると、子どもたちの視線が、黒板に集まる。

(な)んて素敵で
(か)っこいい
(む)ら一番で
(ら)イバルはいない
(けん)かも強くて

（い）い男
（ち）ょっぴりお茶目

「先生の本名は、『なんて素敵で、かっこいい、村一番で、ライバルはいない、ケンカも強くて、いい男、ちょっぴりお茶目』です。担任の先生の名前なんだから、言えるよね？」

早口で一気に言う。子どもたちは、笑顔になる。そして、言わなくても、口ずさみ始める。まあ、ここは、一斉音読が、オススメ。子どもたちに声を揃えて、一斉音読させる。すると、楽しみながら、一斉音読を鍛えることができる。

1行ずつ消していくのも、面白い。子どもたちは、記憶力がいいもの。1行ずつ消しながら、くり返し、一斉音読する。すると、最後には、全部、覚えてしまう。

黒板に書いた長い名前を、全部消したところで、次のように言う。

「先生の長〜い名前、覚えた？黒板をしっかり見ながら、もう1回言ってみてね」

この言葉に、子どもたちは、笑顔になる。黒板なんかしっかり見たって、何も書かれていないのだ。こういうのも、ちょっとしたトーク術。子どもを笑顔にするボケである。

ふざけた話は、真顔でする

「23歳です」

「元嵐のメンバーです」

「生まれて一度も、ジャンケンで、負けたことがありません」

私は、こんなウソをつき続けている。すると、子どもから、非難されることがある。

「先生、ウソばっかりついている」

と。もちろん、笑顔でのツッコミである。

そんな時、私はどうするか?思いっきり、説教をする。

「ウソをつく!?ウソをつくなんて、人間として、最低の行為です!」

真面目に、言う。真顔で、言う。子どもたちから、笑いが起きる。さらに、

「君たちも、絶対に、ウソをつくような人間にだけは、なるな！」

教室は、大爆笑の渦になる。そこで、さらに、真顔で言う。

「先生は、君たちの将来を心配して、真面目に、言ってあげているんだ……笑うな！」

教室は、さらに大爆笑。やはり、ふざけた話をする時は、真面目に、真顔で言うのがいい。

笑いは、ギャップから生まれる

からだ。自分の予想していた展開と違う時に、人は笑うのである。

そういえば、私のイメージは、カエルのかぶり物だろう。拙著に『中村健一―エピソードで語る教師力の極意』（明治図書）がある。私の人生を書いた、面白い1冊だ。しかし、売れない。まあ誰も、俺の人生に、興味ないわな。

この本を作った時、表紙の写真を依頼された。そこで、当時同僚だった若手教師にお願いして、撮ってもらった写真だ。お気に入りの1枚。でも、もう10年以上前か。

面倒くさがり屋の私は、写真を撮らない。携帯電話も、持っていないしね。

だから、10年以上前の写真を使い続けている。10年以上前の写真を、プロフィールに使う。これも、ウソっちゃ、ウソ。詐欺っちゃ、詐欺。たとえば、10年以上前の写真を、お見合いに使っちゃ、マズいよなあ。

当時、私は、かぶり物を愛用していた。今でも、多分、30以上のかぶり物を持っていると思う。

しかし、私も、53歳。かぶり物には、飽きてしまった。今は、滅多に、かぶらない。

当時は、かぶり物をかぶって、授業をすることもあった。授業の最初、かぶり物をかぶって、教室の前に立つ。子どもたちは、大爆笑である。

そんな時、私は、どうするか？説教をする。

「授業が始まったんだから、切り替える。落ち着きなさい。いつまでも、休み時間のような雰囲気では、困る」

真面目に、言う。真顔で、言う。かぶり物とのギャップに、教室は、爆笑になる。

爆笑になれば、さらに、説教は続く。

「先生は、真面目に言っているのに……笑うな！」

教室は、大爆笑の渦に包まれる。

私は、こういうの大好き。でも、これは、なかなか真似できないトーク術かなあ。

「笑う子」は「良い子」だと、おだてよ

ここまで書いてきて、気がついた。短いトークばかりになっている。

親友・土作彰氏の前掲書『ここ一番の「決めゼリフ」』に紹介されているような、長いトークを期待された方もいるはずだ。そんな方には、拍子抜けだろう。

でも、俺は、実は、長～い話が、とっても苦手。だって、人の話を聞くのって、退屈なんだもん。そんな私は、

教師の話は、短いに限る

を信条にしているぐらいだ。特に、お説教、お小言は、短いに限る。1分間が限界だろう。

しかし、本書のテーマは、「トーク術」。そこで、ここでは、やや長めのトークネタを紹

介する。

私は新年度当初、次のような話をする。そして、笑うことを肯定する。

こんな話をしておけば、よく笑う子を褒めることができる。そして、よく笑うクラスをつくることができる。ちなみに、クラスみんなでドッと笑う瞬間がないのは、崩壊学級の特徴の1つ。よく笑うクラスにすることは、学級崩壊予防になる。

「先生は、3年1組を笑いいっぱいの楽しいクラスにしたい、と思っています。笑う子は、実は、とってもいい子なんです。知ってた?」

こんな風に、話を振る。そして、長い説明。土作氏の『決めゼリフ』読者が求めていた、長～いトークが、いよいよ登場だ。


「笑う子」が「良い子」だ、という理由を4つ説明します。

1つ目は、笑う子は、「明るい子」だからです。いつもブスッとしている子より、明るく笑顔の子の方が、感じがいいですよね。3年1組が、笑顔いっぱいの明るい雰囲気のクラスになるといいなあ。

2つ目は、笑う子は、「頭が良い子」だからです。笑うには、理解力が必要です。

言葉の意味が分からないと、笑えません。また、話の流れが分からないと、笑えません。3年1組が、言葉の意味や話の流れをすぐに理解して笑える、頭の良いクラスになるといいなあ。

3つ目は、笑う子は、「話をよく聞いている子」だからです。話を聞いていないと、笑えません。良いクラスは、全員が話をよく聞いているので、一度にドッと笑いが起きます。話を聞いていないクラスは、「今、なんて言ったの？」と、聞いてから笑うので、少しずつ笑いが広がっていきます。3年1組が、クラスみんなが一度にドッと笑える、話をよく聞いているクラスになるといいなあ。

4つ目は、笑う子は、「けじめのある子」だからです。笑う子は、いつも笑っているわけではありません。笑っている時と、真面目な時と、きちんとけじめがついています。3年1組がドッと笑って、ピシッとできる、けじめのあるクラスになるといいなあ。

ふ～、疲れた。こんな長い話、書くのも大変だ。ということは、話しても、大変だよなあ。面倒くさがり屋の私には、向かない。子どもたちも、聞くのが大変。やっぱり、話は、短くするに限る。それが、教師のためだ。子どものためだ。

ちなみに、この話をした後、「笑いの練習」をする。

「3年1組のみんなが、よく笑う良い子になるように、『笑いの練習』をするよ！」

と、話を振る。そして、私が手を挙げたら、子どもたちは、大笑いする。手を下ろしたら、黙って、ピシッとする。これをくり返す。

この切り替えが面白くて、子どもたちは、本当に笑い出す。

「笑う子は、良い子だ」の話も、「笑いの練習」も、実は、故・有田和正氏（ユーモア教育の元祖）から学んだもの。かなりアレンジはしているが、全くのオリジナルではない。

でも、何が悪い！先人の遺してくれた教育技術を使うのは、悪いことではない。

子どもたちは、誰が開発したかなんて、関係ない。自分たちが、楽しければいい。

これ、私が、ずっと言い続けていること。「開発」は、コスパが悪い。時間がかかる上に、成功の保障もない。それに比べて、「追試」は、簡単だ。何も考えなくてできる。しかも、成功が保障されている。

だから、私が本書で紹介しているトークも、どんどん真似して使えばいいのだ。

楽しいトークの後は、厳しい教師を熱演せよ

ここまで書いてきて、不安になってきた。紹介しているトークは、楽しいことばかりではないか。若手が、勘違いしてしまうと、困るな。

新年度初日。私は、子どもたちを楽しませることに、専念する。楽しいトークやネタを連発して、楽しませる。喜ばせることにも、専念する。たくさん褒めて、喜ばせる。

しかし、それは、初日だけ。3日目までには、厳しい教師であることも、アピールする。

楽しいだけ、面白いだけの先生は、子どもたちに不安を与える

からである。

たとえば、「いじめ」。子どもは、自分がいじめられることを、望んでいない。保護者も、自分の子がいじめられることを、望んでいない。いじめをすることを、望んでいない。だから、きちんと厳しい指導をして、いじめを止めてくれる教師でないと困る。当然の考えだ。若手教師は、次のことを、理解しなければならない。

子どもたちは、厳しい先生が嫌いではない。
厳しい指導で、秩序をつくり、教室を安定させてほしい、と望んでいる。
そして、安心して暮らしたい、と思っている。

当然、保護者も、同じように思っている。

そこで、新年度の早い時期に、厳しい教師であることもアピールする。たとえば、ある年の2日目。掃除の前に、私は、次のような話をした。

「大事な話をします。まずは、姿勢を正しなさい」

こういう時は、雰囲気づくりが大切だ。真面目な怖い顔をして、真剣に言う。「姿勢を正す」なんて、堅っ苦しい、言い回しも使う。

「昨日（新年度初日）、君たちの掃除の様子を見せてもらった。まるで、休み時間のようだった。君たち高学年である5年生がそうなんだから、学校全体が、休み時間みたいだ」

新年度初日は、褒めることしかしていない。初のダメ出しに、子どもたちの表情が曇る。

「悪いけど、中村先生は、厳しいよ。当たり前のことは、当たり前にさせます。掃除ももちろん、全力でやってもらう。5年1組は、全校で、一番掃除上手なクラスにします」

真面目な顔で、熱く語る。こういう話をする時、必要なのは、教師の熱量である。全力で、熱く語れるかどうか？それが、子どもの心に響くかどうか？の分かれ道だ。

「でも、いきなりは無理だろうから、まずは、おしゃべりしないことから始めよう。全員、起立。先生が『掃除は？』と聞くから、声を揃えて『まずは、黙って！』と言いなさい」

こうやって、合言葉にする。合言葉は、短い。簡潔にせざるを得ない。

どうすればいいのか？合言葉で明示する。

これも、立派なトーク術である。合言葉は、子どもたちに言わせて、確認する。

「掃除は？」

と、教師が言えば、子どもたちが、

「まずは、黙って！」

と、声を揃えて言う。合言葉は、くり返し言わせる。徹底するには、くり返しくり返し、しつこくしつこく、確認するしかない。

子どもたちが「まずは、黙って！」と言ったら、いったん、ダメ出し。そして、やり直し。

「そんな声で、黙ってできるわけがない。全力で声が出せない人間が、全力で掃除できるわけないじゃんか。もっと、全力で言いなさい。『掃除は？』」

しっかり声が出ていても、やり直しさせる。意図的に「策略」として、ダメ出しするのだ。

イチャモンをつけてでも、やり直しさせる。そして、さらに、全力で声を出させる。

これも、学級の士気を高めるためのトーク術だ。

もう一度、全員を立たせて、合言葉を確認する。そして、次のように言う。

「まずは、黙って掃除できる人、座る！」

ここで、座らない子はいない。次のように言って、子どもたちを教室から送り出す。

「では、まずは、黙って掃除してきなさい！」

ここで、やらせっぱなしでは、子どもたちは動かない。

教師は、全ての掃除場所を、ぐるぐると、何度も見て回る。そして、黙って掃除できている子を褒める。「黙って掃除をしなさい」と「フリ」をしているのだ。黙って掃除をしている子は、しっかり褒めないといけない。

逆に、しゃべっている子は、当然、叱る。どんな言い訳も、認めてはダメだ。

掃除が終われば、さらなるフォローの時間である。まずは、全員、起立させる。そして、「掃除は？」「まずは、黙って！」と、合言葉を確認する。もちろん、全力の声で言わせる。

合言葉を言わせたら、できたかどうかの確認だ。

「今日の掃除中、一切、おしゃべりしていない人、座る」

新年度当初の子どもたちは、素直である。全員が座るだろう。そこで、教師は、

「すごいよね！クラス全員が、黙って掃除ができた！1日目から、たいしたものだ！」

と褒める。そして、みんなで拍手する。褒めるのは、少々オーバーなぐらいがいい。

この本は、トーク術がテーマ。だから、詳しくは述べない。しかし、子どもを動かすのは、フォローなのだ。他の『ブラック』で、「フォロー」を学んでほしい。

いじめは「クラス全員を『敵』に回す」と、脅せ

私は、毎年、最初の参観日で、「命の授業」をすることに決めている。教師になって、2年目か3年目から、ずっと続けている。

「命の授業」は、道徳教育の達人・深澤久氏の有名な実践。30年前のものである。それでも、優れた授業は、優れたままだ。今の子どもたちにも、十二分に響く。

もちろん、毎年、修正を加えながら、追試してきた。ひょっとしたら、私の「命の授業」は、深澤氏のものとは、別物になってしまっているかも知れない。しかし、深澤氏の精神は、引き継いでいるつもりだ。

メインで使う資料は、鹿川裕史くんの遺書と新聞記事。鹿川くんは、私が知る限り、日本で最初のいじめの犠牲者だ。わずか13歳、中2の時に、命を絶った。私は、当時、中1

だった。その時のニュースの衝撃は、忘れられない。

この授業の最後、私は、次のような話をする。

「先生は、絶対に、いじめを許しません。いじめをする子は、先生の『敵』です。いじめをする子とは、全力で戦います。そして、いじめをやめさせます。いじめをするなら、先生と戦う覚悟でしなさい。先生の『敵』になる覚悟でしなさい」

あえて「敵」なんて、厳しい言葉を使う。子どもたちの心に、響くようにするためだ。

もちろん、私は、真面目な怖い顔をして、語る。子どもたち一人一人の顔を見ながら、語る。厳しい視線を送りながら、語る。口調も、当然、熱く、厳しいものにする。

子どもの心に届けようとすれば、言葉だけでは、不十分。
表情、視線、口調などの、非言語の演出が欠かせない。

さらに、次のように言う。

「先生と一緒で、いじめを絶対に許さないという人？」

「命の授業」をした後である。私の手を挙げる仕草に促されて、子どもたちも全員、手を挙げる。

「君たちの覚悟は、その程度か？本気で、いじめを許さないというなら、もっとピシッと全力で手を挙げなさい！」

こうやって、イチャモンをつける。強い覚悟を促すためである。先にも書いたトーク術の1つだ。手を下ろさせて、次のように言う。

「みんなが全力で手を挙げる姿を見て、分かったよね。このクラスには、いじめを許す人間はいない。誰一人、例外なくだ。いじめをするのなら、クラス全員を『敵』に回す覚悟でしなさい。先生は、クラスみんなと、力を合わせて、『敵』と戦います！」

「命の授業」のお陰で、私のクラスでは、いじめが起きたことがない。私の話が、子どもたちに届いているのだと、信じたい。いや、鹿川くんの遺書の、最後の言葉かな。

「ただ、俺が死んだからって他のヤツが犠牲になったんじゃ、意味ないじゃないか。だから、もう君達もバカな事をするのはやめてくれ。最後のお願いだ」

やはり、言葉には、力がある。この言葉は、永遠に、子どもたちに伝えていきたい。

教師は多数派に立ち、世論を味方に勝ち続けよ

「私のクラスでは、いじめが起きたことがない」と、書いた。「『命の授業』のお陰」とも、書いた。

では、最初の参観日で「命の授業」をすれば、いじめは起きないか？ そんなことはない。

子どもは、忘れる生き物である。たった一度の授業の効果が、1年間も、続くわけがない。

どんな優れた授業であってもだ。「命の授業」のような、非常に優れた授業であっても、効果は、一時的である。

では、どうするか？

教師がくり返し、くり返し、言うしかない。「いじめは、絶対に許さない！」と、しつこく、しつこく、言い続けるしかない。

もちろん、その時に、「命の授業」の話をすることはできる。

鹿川くんの遺書を、言葉を、思い出させる。自分たちが「いじめは絶対に許さない」と言ったことを、思い出させる。私が「先生の『敵』です」と言ったことを、思い出させる。

さらに大切なのが、

教師は、いじめの「芽」を絶対に、見逃してはならない

ということだ。

たとえば、ある男子が、隣の席の女子と、机をくっつけないことがある。間をちょっと離しているのだ。これ、いじめの初期に、よくある話。そんな時は、次のように話す。

「いじめは、隣の席の子と机をくっつけない、ちょっと離す、なんて小さなことから始まるんです。机を離すなんて、卑怯なこと、許せますか？絶対に、許せない人？」

私の呼びかけに、クラス全員が手を挙げる。手を挙げなければ、「命の授業」の話をしてもいい。「『いじめは、絶対に許さない！』って言ったはずだよね」と追い込んでもいい。まあ、普通は、クラス全員が、手を挙げる。私はあえて、「卑怯なこと」と断じているのだ。行為を否定しているのだ。子どもたちは、手を挙げるに決まっている。

クラス全員が、私の意見に賛成してくれている。つまり、私は、多数派。「いじめは絶対に許さない」という、世論をバックにつけたことになる。

これ、いじめの話に限らない。

教師は、多数派に立つ。そして、世論を味方につけた上で、勝負に出る。

なぜか？

教師は、絶対に、負けてはいけない。勝ち続けなければならないからだ。

特に、ここで紹介しているのは、いじめの話である。教師が、いじめをする人間、許す人間に、負けるわけにはいかない。完膚なきまでに、叩きつぶさなければならないのだ。「いじめは絶対に許さない」という多数、世論をバックに、机を離していた子を追い込む。全身全霊を込めて、厳しく叱る。

「それなのに、机を離している卑怯な人間がいる。○○（子どもの名前）立て！先生は、そういういじめにつながる卑怯な行為は、絶対に、許さない。他のみんなも、そうだよね。こういう卑怯な行為は、絶対に、許しては、ダメだ！」

こんな風にすれば、いじめは起こらなくなる。めでたし、めでたし…と、簡単にいかないのが、今の世の中。今のご時世。今は、昭和ではない。令和なのだ。

この指導は、いわば見せしめ。机を離した子を厳しく叱ることで、他の子のいじめを抑制する効果がある。「この先生は、絶対にいじめを許さない」という宣伝のようなものだ。

令和の時代、厳しく叱るには、ターゲット選びが重要である。しっかりと見極めて、選ばなければならない。

一番の見極めポイントは、保護者がうるさいかどうかだ。うるさい保護者の子を厳しく叱ると、後々、面倒くさいことになる。

だから、学校で起きたことに、全く興味を示さない保護者がいい。ベストなターゲットは、無関心な保護者の子だ。いずれにせよ、教師の一番のお客は、保護者。一番のお客である保護者のご機嫌は、絶対に、損ねてはいけない。

女子も、ダメだな。特に、高学年女子は、みんなの前で叱ると、アウトである。

打たれ弱い子も、ダメ。みんなの前で厳しく指導して、不登校になられても困る。

「この子なら、大丈夫」とターゲットを決めても、最近の子は、打たれ弱い。ターゲットのタイプによっては、呼び捨てにはしないかも知れない。立たせないかも知れない。

「卑怯」なんて言い方はしないかも知れない。

効果は少ないが、匿名で、指導するしかない場合もあるだろう。個別に呼んで、指導するしかない場合もあるだろう。

これからの教師は、いろいろなことに配慮しないといけない。本当に、大変だ。

ああ、昭和に戻りたい…いや、せめて、平成に戻りたい…。そう思うのは、私と、クドカンだけだろうか。

第2章

日常生活で騙す「詐欺トーク」術

長い話は「くどい」「しつこい」と、聞いていない

『ブラック』も、この本で、11冊目だ。重なる部分も、多くなってきた。それは、私も、自覚している。

しかし、初めて、『ブラック』を読む読者もいる。それも、事実だ。

そこで、第2章の最初に、私のトーク術の基本を書いておく。

ただし、今までの『ブラック』を読んでくれたファンのことも考えて、サラッとだけ。

中村は、『ブラック』ファンに、優しい男だ。そして、『ブラック』初心者にも、優しい男だ。我ながら、本当に、いい男である。自画自賛。それなのに、なぜ、モテない？

まずは、最も大切なことから。トーク術の基本中の基本だ。それは、これ。

短く、話す。長々と、話さない。

話の長い人がいる。しかも、話の長い人に限って、話し下手。ダラダラと、話す。しかも、自分は気持ち良さそうに、話す。そんな人の話を聞くのは、苦痛でしかない。ん!?こんなタイプの人、ある職業で、よく見るな。そう、教師だ！教師に、よくいるタイプ。自分だけ、気持ち良さそうに、話す。子どもの退屈そうな顔に、気づかない。

私は、長い話を聞くのは、嫌いだ。読者も、そして多くの大人も、そうではないか。

いや、講演会に行く大人はいるな。私は講演会が、大嫌い。誰がお金を出して、人の話を聞きたいと思うものか。講演会に行く人の気が知れない。

まあ、私は、落ち着きがないからな。一般的な大人とは、違うかも知れない。「お金を持った中学生」と、評されることも多いしね。（俵セン（俵原正仁氏）、元気かなあ）

そんな中学生の私である。子どもの心が、よく分かる。

子どもは、ジッと黙って座って話を聞くのが、嫌いで苦手

だと、私は思っている。絶対に、これ、正解。間違いない。だから、子どもたちは、教師の長い話は、嫌い。一方的に話を聞くのは、退屈の極みである。

まだ、自分たちが褒められる話なら、マシ。多少、聞いていられるかも知れない。しかし、説教なら、逆。もともと聞きたくない、説教である。それが長いと、たまらない。

そこで、私は、

説教は、長くて1分以内

にするようにしている。それなのに、長々と、説教をする人がいる。10分、いや、30分ぐらい平気で、説教する人がいるな。しかも、喜々として、しゃべる。

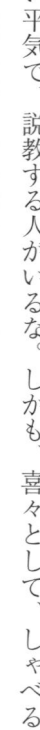

長い説教は、子どもたちに、届かない。
子どもたちは、聞いていない。聞くフリをしているだけだからだ。

人間、そんなに長くは、話せない。長い説教をする教師の話を、聞いてみる。すると、分かることがある。この人、ずっと、同じことを言っている。

長い説教は、同じことのくり返しなのだ。
子どもたちは、くどい、しつこいと、感じているに違いない。

そんな説教が、子どもの心に、届くわけがない。響くわけがない。

ちなみに、説教が終わった後でも、不機嫌なままの教師がいる。これまた、子どもたちは、嫌い。くどい、しつこいと、思っているに違いない。

私は、説教の後は、何事もなかったように、普通に戻る。

1分間で、嵐のように迫力をもって、説教をする。
しかし、嵐が終わったら、何事もなかったように普通にする。

これが、私の説教の極意、トーク術。ぜひ、若手教師にも、真似してほしい。

子どもを虜にする教師のトーク5か条

さらに、基本的なトーク術を紹介する。ただし、さっき約束した通り、サラッとね。

第1条・教師は、早口で話せ。

ゆっくり話すと、子どもたちは理解しやすいか？そんなことはない。

私は、ものすごく早口である。しかも、授業中は、意識して、さらに早口にする。

それでも、子どもたちは、私の指示にきちんと応える。これが、動かぬ証拠だな。まあ、よく聞いて動かないと、叱られるもんなあ。そりゃあ、子どもたちも、必死だわ。

今どきの子どもたちは、スピード感のあるものに慣れている。バラエティ番組では、コーナーが、ころころ変わる。そして、芸人たちが、早口でしゃべり続ける。

そんなスピードに慣れている、子どもたちである。「み〜な〜さ〜ん〜よ〜く〜聞〜い〜て〜く〜だ〜さ〜い〜ね〜」なんて、教師の丁寧な話は、退屈だ。

教師は、早口でしゃべろう。「ちょっと聞き取りにくいな」というスピードで、ＯＫ。多少、負荷を与えた方がいい。子どもたちも、集中する。

第2条・くり返し言わせて、リズムをつくれ。

たとえば、「かつて日本は、広島と長崎に原爆を落とされ、多くの犠牲者を出しました。日本は、世界でただ1つの被爆国です。核兵器を『もたない、つくらない、もちこませない』という非核三原則をかかげて、核兵器をなくすことを訴え続けています」という説明。わずか、15秒程度の説明だ。しかし、教師が、一方的に話しては、ダメ。子どもたちは、聞いていない。そこで、次のように話す。

「かつて日本は、広島と長崎に原爆を落とされ、多くの犠牲者を出しました。原爆、はい」

私のクラスには、「はい」と言われたら、くり返し言う、という約束がある。子どもたちは、「原爆」と、声を揃えて言う。

「日本は、世界でただ1つの被爆国です。被爆国、はい」「被爆国」

「核兵器を『もたない、つくらない、もちこませない』という非核三原則をかかげて、核兵器をなくすことを訴え続けています。非核三原則、はい」「非核三原則」

こうやって、教師の言葉をくり返し言わせる。すると、リズムが生まれる。

第3条・話の内容を確認せよ。

たとえば、先ほどの説明。話し終わった後に、教師が、「広島、長崎に落とされたのは？」と、聞く。子どもたちは、「原爆」と、声を揃えて言う。さらに、次のやり取りをする。

「日本は、世界でただ1つの？」「被爆国」

「核兵器を『もたない、つくらない、もちこませない』のは？」「非核三原則」

こうやって、くり返して言わせた部分を確認する。子どもたちが、ちゃんと聞いていたかどうか？確認できる。また、もう一度、大事な言葉がなんだったか？の再確認ができる。

第4条・返事も、声出しの1つである。

くり返しや確認以上に、もっと楽に、声出しさせる方法がある。返事だ。
「今から、先生が話をします」「はい」（子どもたち全員が声を揃えて）
「先生の顔をしっかり見て聞いてくださいね」「はい」
こんな風に話し始めるといい。すると、返事を2回させることができる。

第5条・子どもたちを動かしながら話すことを意識せよ。

くり返し、確認、返事は、子どもたちに「声出し」させるトーク術だ。教師が一方的に、話さない。子どもたちに「声を出す」という活動をさせる。すると、飽きにくくなる。

それ以外にも、「立たせる、座らせる」「立って10回言わせる」などの活動を入れるといい。子どもたちを動かしながら話すイメージだ。

たくさん動かしても、子どもたちは、疲れない。ジッと黙って座っている方が、よっぽど疲れる。それが、子どもというもの。話し上手は、相手のことを思いやって、話すのだ。

「間」で、子どもたちを翻弄せよ

第1章「ウソでいいから、『2人だけの物語』をつくれ」で、紹介した「ジャンケン王」のトークネタ。実は、重要なトーク術を使っている。それは、

上手に「間」を空ける

というもの。「間」の取り方は、トーク術のベースとなるテクニックだ。

「ジャンケン王」と偽って、子どもたちとジャンケン勝負をする。そして、私が、初めて負けた時だ。

この時の「間」が、実に、重要。負けた後、すぐには話さない。信じられないという表

情で、黙る。あまりのショックに、言葉を失った感じで、黙る。

時間にして、約5秒。ここは、長めの「間」を取った方がいい。

この「間」の5秒で、子どもたちは考える。
先生は、次は、どうするんだろう？次は、何を言うんだろう？

「間」は、子どもたちに、次の展開を予測させるための時間なのだ。

生まれて初めてジャンケンに負けた先生は、どうするか？怒るかも知れない。泣くかも知れない。子どもたちは、いろいろ考える。そして、

自分の予期せぬ「オチ」がきた時に、人間は笑う。

笑いは、ギャップによって、生み出されるのだ。


ここで、私は、次のように言った。

「君の名前は、なんだ？浜崎将也くんか。君は、中村先生を生まれて初めて、ジャンケンで倒した男だ。浜崎将也、君のことは、一生忘れないよ。よろしくね！」

そして、固い握手をした。学級通信で「中村先生を生まれて初めてジャンケンで破った

男」と、紹介もした。

これは、すがすがしく、自分の負けを受け入れた男を演じたのだ。「握手」で、死力を尽くして戦い終わった2人を演じたのだ。

たかだか、ジャンケン。それなのに、まるで死闘のよう。壮大なイメージの展開だ。だから、笑いが起きる。このギャップを生むための、5秒間なのだ。

話し下手な教師が、分かっておいた方がいいことがある。それは、

トークは、「間」が命。
しかし、上手な「間」の取り方を身につけるのは、非常に難しい

ということ。「間」の技術は、簡単に身につくようなものではない。マスターするには、相当な修行が、必要だ。そこで、初心者には、まずは、次の修行がやりやすいだろう。

クイズの正解発表で、「間」を取る。ためる。

子どもたちにクイズを出す。そして、教師の正解発表。

「正解は、…Bでした！」

「…」で、しっかりためる。いや、「……」ぐらいか。子どもたちに、「正解は、どっちだろう?」と、考えさせる時間をつくるのだ。

話し下手な教師の中には、沈黙が苦手な人がいる。そんな人は、沈黙は、気まずい時間と考える。そして、次々と、「間」を入れずに話す。これ、話し下手に、よくある話。

私は、沈黙の時間が、怖くない。クイズの正解発表だって、しっかりとためる。

「正解は、……CMの後で」「正解は、……Aですか?Bですか?」

と、ためた上に、ボケることもある。AでもBでもない答えに、教室は、大爆笑になる。

この話、笑いだけに限らない。真面目な話も、「間」が大切である。

上手に「間」を取れば、説得力が増す。そして、子どもたちに届く。
「間」を制するものは、トークを制す

と、言ってよいほどだ。

たとえば、教室でトラブルが起きて、説教する時である。最初に「間」を取って、話し始める。

「……とっても残念な話ですが、この教室で、トラブルがありました」

最初の「……」の「間」は、5秒程度。教師は、真面目な顔で、黙ったまま。そして、子どもたち一人一人、全員の顔を見る。グルッと、教室を1周見るイメージだ。

「とっても残念な話ですが、……メガネが壊れるという事件がありました」

このように、どんな事件があったのか?を伝える前に「間」を取る方法もある。

もちろん、説教に限らない。たとえば、クラスの掃除を、校長先生に褒められた時。

「嬉しいニュースがあります。実は、このクラスが担当する…5年生の女子トイレの掃除が…他の先生に褒められました。しかも、…校長先生にです!」

と、「間」を取りながら、話す。「間」を空けるにも、いろいろなパターンがある。まあ、一番強調したいところ、一番伝えたいことの前で「間」を取るのが、一般的だろう。

あえて「間」を取らない、トーク術もある。「間」を全く空けず、どんどん話す。いわゆる、マシンガントークである。

これは、説教や議論の時に、使うことが多い。相手に、反論を考える隙を与えないように話す。相手を圧倒して、論破したい時に使う、トーク術だ。

私は、若い頃、このトーク術を多く使っていた。今思えば、驚くほど、次々と言葉を発していたものだ。

しかし、年老いた私には、もう無理。今の私は、滑舌が悪い。矢継ぎ早に、話すことはできない。頭も、回らなくなっているしね。

やはり、私のようなベテランは、「間」を上手に取る、トーク術がベストだろう。

いずれにせよ、

トークは、「間」が命。
話す内容は同じでも、面白くもなれば、つまらなくもなる。
説得力があるようにもなるし、なくなりもする。

トーク術を身につけたければ、まずは「間」を意識することが大切だ。

「間」を生かしたブラック・トレーニング

トークは「間」が命だ、と書いた。「間」さえ上手に取れれば、簡単に、笑いが取れる。普通のことを言っても、笑いが取れるほどだ。

私の呑み会のトークが、まさにそう。私は、普通の男である。それでも、笑いが起こせる。それは、「間」がいいから。「間」だけで、笑いを取っている。

ということで、「間」の練習にもなる、トークネタを紹介する。『ブラック』初のネタ集だ。『ブラック』で、ネタなんて!?って思う読者、いるよね。思って、当然だ。私も、そう思う。『ブラック』は、ネタ本ではない。

でも、思いついちゃったんだよね。で、書きたくなった。さすがに、最後の『ブラック』だ。最後ぐらい、好き勝手やらせてくれい！

ということで、「間」を生かしたトーク集。はじまり、はじまり〜。

その1「君たちは、見たことないと思いますけど…」

たとえば、図工で、ランドセルの絵を描く時。

「君たちは、見たことないと思いますけど…ランドセルっていう、小学生が背負う、カバンがあるんですよ」

と、話を切り出す。子どもたちは、間違いなく「知ってるよ！」と、ツッコむ。自然にツッコミが起きる、魔法のトークネタである。

「君たちは、見たことないと思いますけど…」の「…」でしっかり「間」を取るのがコツ。子どもたちが「見たことないものって、なんだろう?」と、考える時間をつくる。

その2「貴様！エスパーだな！」

問題を言う前に、答えを言ってしまう子がいた時。教師が、

「えっ!?なんで分かった!?」

と、大いに驚いて見せる。そして、

「ははん、分かった！」

と、ポンと手を打ち、言う。ここで、少しの「間」を取る。そして、答えを言ってしまった子を指さし、

「貴様！エスパーだな！」

と、叫ぶ。ここは、勢いよく言うのがコツ。子どもたちは、大喜び。


その3「ファイナルアンサー？」

子どもが、正解の答えを言った時。教師は、「えっ⁉」という表情をする。そして、

「本当に、それでいい？」

と、真顔で、聞き返す。子どもが、その答えのままでいい、と言ったら、

「ファイナルアンサー？」

と、さらに聞く。「はい」と答えたら、

「……正解！」

と言う。この時、しっかり「間」を取ることが大切。ホッとした子どもたちは笑顔になる。

その4「お母ちゃんに言ってやる」

教師が、間違った字を黒板に書いて、子どもに指摘された時。

教師は、困ったような、悲しそうな表情をする。そして、しばし「間」。

黒板の方を向いて、泣いて見せる。また、黒板をバンバン叩きながら、

「字、間違ったからって…そんなに言わんでも、ええやんか。絶対、お母ちゃんに言ってやる」

と言う。子どもたちは、大喜び。その後、何事もなかったように、授業を再開する。

その5「運動場の大きな石は…」

教師に、刃向かう子がいた時。

「○○くん、先生に、そんなこと言っていいの?」

と、話を切り出す。そして、

「運動場に、大きめの石があるでしょう。あれは、…先生に逆らった子が、石にされたんだよ」

と、話す。「あれは」の後で、しっかり「間」を入れるのがコツ。遠くを見つめて、過去

を思い出すように言う。すると、子どもたちは、笑う。

美人（メドゥーサのイメージね）の先生に、オススメのネタ。もちろん、子どもたちを本当に怖がらせてはいけない。ユーモアたっぷりに言う。

その6「では、△△くん」

「はい！はい！」と、元気よく手を挙げ、当ててほしいとアピールする子がいた時。

「○○くん、張り切っているねえ！」

と、教師は、その子を褒める。そして、その子を見つめながら、

「では、」

と言う。誰もが、その子を指名すると思う。その瞬間、教師は、他の子を見て、

「△△くん！発表して」

と言う。間髪入れずに言うのがコツ。教室は、大爆笑。


『ブラック』初のネタ集。楽しんでいただけましたか？俺は、すっごく楽しかったなあ。

そうだ、次の『ブラック』は『ブラックネタ集』にしよう。智恵ちゃん、よろしく！

「数字のマジック」トークで、子どもを騙せ

第1章「『ウソ餌』を保護者懇談会でもリサイクル活用せよ」に、次のように書いた。

具体的な話には、説得力がある。
「たとえば」を使って、具体的な話をしよう。

これは、私が、くり返し言っていることだ。『ブラック』でも、何度も書いた。具体的な話ができるのが、我々、現場教師の強み。だから、説得力がある。

それに比べて、大学の先生が書いた本には、説得力がない。彼らが書いているのは、理屈。または、理論。彼らは、現場で実践をしていない。だから、現場の事実が書けない。

悪口終了。では本題。「たとえば」を使わなくても、具体的にする方法がある。それは、

「数字」を入れる

ということだ。数字が入ると、具体的になる。そして、説得力が増す。

たとえば、「たくさんの申し込みがありました」と言うことがある。それよりは「30人もの申し込みがありました」と言う方が、いい。どれだけ多いかが、伝わりやすいからだ。

さらに、「クラス32人中、30人もの申し込みがありました」と、割合も分かるように言う。一段と伝わりやすくなるのが、分かるだろう。

押し売り。いや、今どきないか。では、テレビショッピング。彼ら彼女らも、数字を上手く入れて話す。「数字のマジック」と言っていいトーク術だ。

たとえば、3万円のマッサージグッズを売るとしよう。

「3年保証がついているので、1年間に、わずか1万円。1ヶ月わずかに、833円。毎日使えば、1日わずか、27円。毎日30分使えば、1分わずかに、1円未満」

こう言えば、安く感じる。数字を減らしていくのが、セールスの流儀。トーク術である。

これ、学校でも使える。いや、逆の話法を使うことが多いな。

たとえば、宿題の自主学習。毎日、1時間、がんばる子がいる。その一方、10分間で、適当に1ページ埋めてくる子がいる。そんな時は、次のように話す。

「同じ5年生なのに、毎日60分がんばる子と、10分もがんばれない子がいる。2人の差は、1日で50分。1週間で、350分、6時間弱。1ヶ月で、1500分、25時間。1年間で、18000分、300時間も差がついてしまう」

こうやって、増やしていく。すると、いかに、大きな違いになるのかが伝わる。

高額のものを使う時も、そうだな。たとえば、6年生、理科の実験。気体検知管を使う時。

「今から実験で使う気体検知管は、1本300円もします。1回の実験で4本使うから、1つの班で1200円。クラス6班で、7200円。学年5クラスで、36000円」

と、金額を上げていく。すると、いかに高価なものか伝わる。そして、子どもたちは、大切に扱うようになる。

「数字のマジック」を使って、子どもたちを騙そう

数字を上手く操作することで、説得力のあるトークができるのだ。

トークがダメなら、絵までも使え

私の特技は、ゲームである。ゲームと言っても、教室でするゲームね。ゲーム機やネットなどのゲームは、やったことがない。子どもの頃に、多少、ファミコンをやった程度だ。

私は、100以上は、ゲームを知っている。若手たちと、たくさんゲームの本を作ってきた。お陰で、ゲームのレパートリーは、増える一方だ。

だから、ちょっとした隙間時間に、ゲームをする。授業の最初に、合間に、早く終わったら、ゲームをする。給食の後や、帰りの会の後なども、同様だ。

ゲームをするためには、ルール説明が欠かせない。しかし、ゲームのルール説明は、とっても難しい。ルール説明の肝は、

どうなったら、勝ちか？を明示すること。

これに、尽きる。

「五画の漢字を集めるゲームをします。1分間でたくさん書けた人が、優勝です」

「伝言ジェスチャーというゲームをします。正しく伝えて、最後の人が何か分かったら、10ポイントゲットです」

こんな風に「どうなったら、勝ちか？」を明示するといい。

中には、複雑なゲームもある。説明だけでは、とても伝えられそうもない。そんな時、私は、どうするか？

子どもの代表を前に出して、実際にやって見せる

ことにしている。「モデルゲーム」と、言われる手法だ。

たとえば、「伝えポーズ」というゲームである。クジで選ばれた3人を前に出す。もちろん、拍手で迎えることを忘れない。

2人を向かい合って、立たせる。そして、残り1人は、向かい合った子どちらか1人の

後ろに立たせる。

ほ～ら、すでに、分からなくなったでしょ。言葉には、限界があるということ。しかし、子どもたちを動かしながら説明すれば、よく分かる。

ということで、言葉での説明は、やめ。「伝えポーズ」が気になる方は、拙著『クラスを「つなげる」ミニゲーム集BEST55＋α＆おまけの小ネタ10』（黎明書房）を読んでほしい。イラストも載っているので、分かりやすいしね。そうそう、

絵を描いて、説明する

ことも、立派なトーク術。絵も、言葉だけでは伝わりにくい時に、有効だ。

あまりに、不親切か。「伝えポーズ」を少々説明しよう。言葉だけで説明して、同じポーズをさせるゲーム。1分以内に、同じポーズをさせることができたら、大成功。

少しは、イメージが伝わっただろうか？ゲーム説明の大原則「どうなったら、勝ちか？」を明示したつもりだ。でも、言葉だけのトークには、やはり、限界があるんだよなあ。

「やり直し」で、無理やり盛り上げてしまえ

たとえば、予定していた授業内容が、5分早く終わった時。私は、ゲームをすることが多い。そう、私の専門は、ゲームなのだ。

「ゲームで、子どもたち同士をつなげることができる。教師の説明を聞き、ルールを守るようになる。ゲームの教育的効果は、計り知れない」

これ、ゲームをするかどうか？ 迷った時の心の中の声ね。私は、こんな風に自分に言い聞かせる。「授業中にゲームなんて、やめとけよ」という「天使の声」を言い負かすのだ。

「みんなが、がんばったから、授業が5分早く終わりました。ご褒美に…」

ここで、「間」をしっかり取る。くり返すが、トークは「間」が命。この「間」の取り方で、盛り上がりも、盛り下がりもする。

「…ゲームしちゃいましょう！」

私の言葉に「やった〜！」と、歓声が起きる。まあ、私は「間」の取り方、もったいぶり方が、上手だからね。

そんな「間」の魔術師の私である。そんな私でも、歓声が起きない時がある。「やった〜！」という声がしない時がある。そんな時は、どうするか？

「嬉しくないの!?…じゃあ、やめます。ゲームはやめて、テストにしましょう」と言う。「テスト」は、「漢字練習」「計算問題」「プリント」でもいい。要は、子どもの嫌がるものなら、なんでもＯＫ。嫌がらせなのだ。子どもが、嫌がりさえすればいい。

子どもたちからは、当然、「え〜！」の声。強い反応は、簡単に引き出せる。

「えっ!?ゲームしたかったの？」

こう聞くと、子どもたちは、うなずく。そこで、次のように言う。

「ゲームしたかったんなら、『やった〜！』とか、強い反応をしてよ。では、練習。先生が『ゲームしちゃいましょうか？』って言うから、盛り上がってみてね」

こう言って、まずは練習。「やった〜！」の声はもちろん。拍手する子がいる。ガッツポーズする子もいる。握手する子もいる。抱き合う子もいる。

「では、本番行くよ。ご褒美に…ゲームしちゃいましょうか？」

「やった〜！」

練習通りに、子どもたちは、大きな声で叫ぶ。さらに、様々な反応で、喜びを表現する。

「みんな喜んでくれているみたいだから、…ゲームをしよう！」

こうやって盛り上げてから、ゲームを始める。そうでないと、盛り上がらない。やっぱり、雰囲気づくりは、大切なのだ。


盛り上がりに欠ける時には、いったんやめる。

練習、やり直しをして、強い反応で応えさせる。


私がよく使うトーク術である。

ちなみに、盛り上がりに欠けるクラスは、危ない。どんより重たい空気が続くと、クラスは荒れていく。そして、学級崩壊する確率が高くなる。そこで、

学級崩壊予防として、盛り上がれるクラスをつくる。
そのために、「やめる↓練習↓やり直し」のトーク術を使う

といいだろう。学級崩壊を予防するためにも、教師のトーク術は欠かせない。

転入生を迎える時も、同じようにして、盛り上げる。私は、本当に、このトーク術をよく使っているな。

教室に、転入生が入ってくる。そんな時、

「君たち、歓迎してないの？」

と、聞く。子どもたちは、もちろん、首を横に振る。

「だったら、もっと歓迎ムードで迎えてあげてよ。『待ってました！』って言うとか、拍手するとかさあ。では、歓迎する練習ね」

こう言って、練習させる。そして、やり直し。転入生を教室から出す。そして、もう一度、教室に入らせる。教室は、歓迎ムードに包まれる。転入生も、笑顔である。

これ、教育実習生や、ゲストティーチャーを迎える時にも、よく使うトーク術だ。このトーク術を使えば、温かい空気で、お客さんを教室に迎え入れることができる。

「共犯関係」で、子どもとの絆を深めよ

私は、学期に一度、特別なゲームをすることにしている。つまり、年3回だけ。

まずは、次のように言って、特別感を演出する。

「君たちは、1学期の間、最高学年として、すっごくがんばったよね。お陰で、全校が落ち着いて、いい学校になっている。がんばったご褒美と、いい学校にしてくれたお礼に…今日は、スペシャルなゲームをします！」

こう言うと、歓声が上がる。いや、歓声が上がらなければ、当然、やり直しだな。やり直して、歓声を上げさせる。それから、ゲームの説明に入る。

「今日やるゲームは、…絶対に、やってはいけないゲームです。校長先生には、もちろん、内緒。中村先生が、クビになっちゃうからね。他の先生にも、お母さんにも、絶対に、

内緒。バレたら、二度とできなくなる」

こう言って、特別なゲームであることを強調する。特に、「絶対にやってはいけない」に子どもたちは、強い反応を示す。「やってはいけない」ことをするのって、楽しいもんなあ。子どもの気持ちは、よく分かる。また、この説明、トークのポイントは、次の点だ。

「内緒」を強調して、「共犯関係」をつくる。
「共犯関係」になることで、子どもと教師の絆は、グッと深まる。

「今日やるゲームは、…体育館かくれんぼです。体育館全部を使って、かくれんぼをするよ」

私は、ゲームのタイトルを発表しただけである。それなのに、子どもたちは、どんなゲームなのか一瞬で理解できたようだ。子どもたちから、「やった〜！」と歓声が上がる。子どもたちは、かくれんぼが大好き。それを禁断の体育館でできるのだ。嬉しくないはずがない。楽しくないはずがない。

体育館かくれんぼは、鉄板ネタ。間違いなく、大盛り上がりになる。子どもたちも、間違いなく、気に入る。

体育館かくれんぼが終われば、次のように聞く。

「体育館かくれんぼなんて、やっていいの?」

子どもたちは「ダメ!」と、声を揃えて言う。

「では、証拠隠滅。自分がかくれた所を中心に、バレないように、元通りにしておいで」

子どもたちは、「証拠隠滅」みたいな言葉が好きだ。犯罪の臭いがするからだろう。やっちゃいけないことの気がするからだろう。

私の言葉通り、子どもたちは、証拠が残らないように、後片付けをする。指紋を拭く真似をする子も出て、笑いが起きる。

「もう一度、確認するよ。こんな遊び、やっていいの?」

私が聞くと、子どもたちは「ダメ!」と、力強く言う。

「そうだよね。こんな遊び、やっていいわけがない。他の先生にも、お家の人にも、絶対に内緒だからね。みんなが内緒にできて、バレなかったら…また、やろうね!」

子どもたちは、笑顔でうなずく。大満足の表情だ。

連発する技ではない。たまの「内緒」の「共犯関係」だから、いいのだ。

「お約束」なら、簡単に「笑い」を起こせる

一時期、吉本新喜劇にはまった。吉本新喜劇の笑いは、まさに、ベタ。

たとえば、池乃めだか氏のギャグだ。池乃氏が、チンピラにケンカを挑む。そして、あっさりと、ボコボコにされてしまう。ここで池乃氏が、「今日は、これぐらいにしといたるわ」と、一言。チンピラも含めた出演者全員が、ずっこける。

冷静に書いてみて、思う。これ、本当に面白いのかなと（失礼）。

一応、展開は、きれいだ。きちんと、「フリ」と「オチ」の流れで、できている。しかし、「オチ」は、普通。小学生でも、予測できる。意外性は、ない。

それでも、会場は大爆笑になる。それは、

このギャグをくり返し何度もして、「お約束」にしてしまっている

からに、他ならない。

第1章「ふざけた話は、真顔でする」、第2章「『間』で、子どもたちを翻弄せよ」にも書いた。「笑い」は、ギャップから生まれる。自分の予想しないことが起きた時に、「笑い」が起きるのだ。

しかし、この池乃氏のギャグは、真逆。他の吉本新喜劇のギャグも、真逆が多い。

お客さんは、「くるぞ、くるぞ」と「お約束」のセリフを待っている。池乃氏は、期待に応え、「お約束」通りのセリフを言う。だから、「笑い」が起きるのだ。

「笑い」の技術の1つに「天丼」がある。同じボケやギャグをくり返して、笑いを取るのだ。1回目がウケなくても、2回、3回とくり返せば、「笑い」が取れる。

「天丼」は、「笑い」の技術としては、レベルが低い。「笑い」が苦手な我々教師でも、真似がしやすい技術である。

ウケなくても、何度か、くり返し言ってみる。すると、なぜか面白くなる。

真面目な教師も、お笑いから学べるトーク術は多い。

ちなみに、私は呑み会で、「天丼」の技術を使うことがある。酔っ払いすぎて、頭が回らなくなってきた時だ。しっかり話を回して笑いを取ることが、面倒くさくなってくる。そんな時は、とりあえず、くり返す。すると、簡単に、笑いが取れる。まあ、周りも酔っ払っているしね。「天丼」は、泥酔している私にも使える簡単な技術である。

「天丼」以上に、「お約束」にしてしまうことは、教室に笑いを起こす上で有効だ。

たとえば、さっき紹介した「体育館かくれんぼ」。

「今日やるゲームは、…体育館かくれんぼです」

と、発表すると、歓声が上がる。子どもたちは、早くやりたくて仕方ない様子である。しかし、ここで、もったいぶって、質問を1つする。こうやって焦らすのも、トーク術。

「ところで、君たち。中村先生のことは、好きですか？」

子どもたちも、ここで「嫌い」とは言えない。「好き」と言う。そこで、クラスの人気者に聞く。

「中村先生のことは、好きですか？」

「愛してます！」

人気者の答えに、笑いが起きる。そこで、全体に向けて、もう一度聞く。

「中村先生のことは、好きですか?」

「愛してます!」

子どもたちは、声を揃えて叫ぶ。もちろん、笑顔でだ。

「中村先生も、君たちのこと、愛してます!だから、本当は、やっちゃいけないんだけど…体育館かくれんぼ、やっちゃいましょう!」

大盛り上がり間違いなしの鉄板トークだ。これ、体育館かくれんぼに、限らない。


「中村先生のことは、好きですか?」「愛してます!」のやり取りは、くり返し行う。そして、「お約束」にしてしまう。


たとえば、ゲームをする前に「お約束」のやり取りをする。ゲーム以外でも、子どもたちが喜ぶことをする前は「中村先生のことは、好きですか?」と聞く。

漢字テストをしない時や、宿題をなくす時も、同様だ。

「お約束」は、チームプレーにすると、さらに面白い。たとえば、プールの時、次のような「お約束」をつくったことがある。最近のプールは、3人の教師で教えることが多い。
そこで、自由時間を与える前。必ず、次のような「お約束」のやり取りをする。

「中村先生のことは、好きですか?」

「大好きです!」

「〇〇先生（若い女性教師）のことは、好きですか?」

「愛してます!」

「〇〇先生（私よりベテランの面白い男性教師）のことは、好きですか?」

「ちょっぴり!」

「では、自由時間、どうぞ!」

「ちょっぴり!」で、ベテランの男性教師が、ずっこける。何度やっても、大ウケだ。
いや、回数をこなす度に、笑いは、大きくなっていった。

ボケやギャグをくり返して、「お約束」にしてしまう。

我々真面目な教師も、真似しやすい、笑いのトーク術である。

「視線」は、「言葉」以上の魔力をもつ

今年の夏休みは、久々に楽しかった。セミナーが、完全に復活したからだ。

7月27日（土）には、名古屋で、セミナーを行った。夏休みの始まりを告げる、恒例のセミナーだ。毎年、伊藤茂男氏が企画してくださっている。

大好きな古川光弘氏と逢えることもあって、毎年、楽しみにしている（古川さん、名前出しておきました！喜んでいただけていますか）。

今年で、5回目。コロナでできなかったことを考えると、もう10年近く続いているイベントだ。ずっと企画してくださっている伊藤氏に感謝である。

伊藤氏は、事務局だけでなく、講座も担当されている。伊藤氏の講座は、本当に面白い。驚くほど、よく練られている。そして、とっても知的な笑いが、散りばめられている。俺、

こういうの、大好き。今年も、何度も、腹を抱えて笑ってしまった。

笑っていただけではない。私が、真剣に、メモに残した言葉がある。

授業の下手な教師は、全体を見て話をする。
授業の上手な教師は、一人一人を見て話をする。

これ、その通りだと思った。まさに、名言。最後の『ブラック』に遺すに値する言葉である。伊藤さん、できれば、私が言ったことにしてください(笑)。

今、目の前で話している、伊藤氏の視線を見てみた。確かに！伊藤氏は、一人一人の顔を見ながら、話している。後で講座をもたれた、古川氏も、同様だった。

私も、当然、一人一人を見ている。たとえば、この日の午前中、第一講座。この時も、参加者一人一人の顔を見ながら、話したはずだ。

しかし、伊藤氏の言葉を聞いた後では、違う。午後の第二講座は、さらに、視線を意識して話している自分がいた。

意識して使えるからこそ、技術なのだ。

こんな当たり前のことを、再確認した出来事だった。

意識して、技術として、参加者一人一人を見る。すると、いつもより、私の視野が広くなった気がした。

私から見て、右の真ん中に1人。左の後ろの方に1人。いまいち乗っていない参加者がいるのが分かった。そこで、特に、その2人の反応を気にしながら話す。

授業中も、同じである。私は、一人一人の顔を見ながら、話している。子どもたちは、授業中、中村先生と何度も目が合うと、思っているはずだ。

ひょっとしたら、「中村先生は、私のために授業をしてくれている」なんて、大きな勘違いをしてくれているかも知れない。いや、私は、強面。私と目が合うのは、恐怖かな。

授業中、飽きているのを感じたら、さらにその子を中心に、見つめながら話す。見つめられた子は、ビクッとする。そして、集中を取り戻す。

2学期は、さらに、子どもたちへの視線を意識できそうだ。伊藤氏のお陰である。さあ、2学期が楽しみになった！　…わけがない。夏休みが終わっちゃう。嫌だよう。

「上」から叱って、威圧せよ

10年以上前、超・困難校に勤めていた。『ブラック』にも、何度も、登場してきた学校だ。毎年2人の教師が、辞めさせられていた。

私は、その学校で、7年間を勤め上げた。7年間と言えば、山口県では「満期」。同じ学校に、8年いることはできない。

そんな超・困難校で、私は5、6年生の担任ばかりを続けてきた。この小さな体でだ。困難校の「やんちゃ君」には、ガタイがいい子が多かった。180㎝を超える子もいた。100㎏を超える子もいた。

その当時、私の身長は、170㎝程度。体重も、50㎏ちょっとしかなかった。

ちなみに今、身長は、縮んでいる。体重は、増えている。歳は、取りたくないものだ。

私より10cm以上背の高い「やんちゃ君」である。私の倍の体重の「やんちゃ君」である。冷静に考えれば、私なんか、怖くないはずだ。

私は、腕力もない。正直に言おう。まともにケンカしたら、私は、この「やんちゃ君」に絶対、勝てない。相手が本気なら、ボコボコにされてしまう。私は、ケンカが弱いのだ。

それでも、「やんちゃ君」たちは、私を怖いと思ってくれていた。

ガタイのいい「やんちゃ君」を呼びつけて、指導することも多かった。そんな時、私は、どうしていたか？

ガタイのいい「やんちゃ君」を座らせる。私は、立って、上から叱りつける

ようにしていた。読者もイメージすれば、分かるだろう。私と180cmの「やんちゃ君」が、2人とも立ったまま。それだと、どうしても、私は下から、叱りつけることになる。下から叱りつけられるのは、怖くない。子犬がキャンキャン叫んでいるようなものだ。

そこで、「やんちゃ君」を座らせる。そうすれば、立っている私は、上から叱りつけられるのだ。

話をする時、2人の位置関係は、重要である。

これ、非言語のトーク術。意識すれば、位置関係は、いろいろと工夫できる。

たとえば、子どもの相談に、2人きりで乗る時だ。私は、向かい合って座らない。向かい合うと、どうしても、距離が遠く感じてしまう。また、2人きりだと、目が合いすぎて、気まずくなる時もある。そこで、

2人きりで、子どもの相談に乗る時は、斜め前の近くに座る。隣に座って、話を聞く時も多い。

特に、隣に座るのは、オススメだ。距離が近いので、親密さをアピールできる。共感的に話を聞いて、相談を上手く引き出せる。

2人の位置関係も、トーク術の1つ。トークは、非言語的要素が、非常にデカい。

「エセ・明石家さんま」になりきれ

「踊る！さんま御殿!!」という番組をご存じだろうか？日本テレビ系の番組だ。
司会者は、番組のタイトル通り、明石家さんま氏。

教室での、教師の立ち位置は、まさに司会。
「踊る！さんま御殿!!」のさんま氏と同じで、話を振るのが仕事である。

ということで、さんま氏のトーク術から、学ぶことは多い。
子どもたちと授業中、雑談することがある。実は、私は、こういう脱線こそが大切だと思っている。授業は、子どもにとって、つまらないもの。ずっと真面目に授業していたら、飽きてしまう。

そこで、私は、飽きを感じたら、脱線する。たとえば、ミニゲーム。1分でできるミニゲームもたくさんある。クイズを出す時もある。得意のミニネタで脱線することもある。そんな脱線法の1つが、雑談である。たとえば、この間、社会科で、奈良時代の学習をした。その中で、奈良の大仏が出てきた。

「奈良の大仏を見たことがある人？」

私の手を挙げる仕草に促され、何人かが手を挙げる。ちなみに、

挙手させることで、子どもたちにおしゃべりを促す

のは、教室のトーク術の1つである。

この時、「奈良の大仏を見た」と手を挙げたのは、わずかに3人だった。そこで、私は、

「へ～！たった3人しか、行ったことないんだ！超有名な観光地なのに！」

と、オーバーに驚いて見せた。これも、トーク術。大きくリアクションしてもらえれば、嬉しくなるもの。子どもたちは、喜々としてしゃべる。話が弾む。

明石家さんま氏も、リアクションが非常に大きい。だから、さほど話し上手とも思えないゲストが、饒舌になる。

「さんま御殿!!」のゲストが饒舌になるのには、さらなる秘密がある。

さんま氏は、驚くほど、よく笑っている。笑うことが、一番の仕事と言ってよいほどだ。

他のゲストが笑っていない時でさえ、さんま氏は笑っている。机を叩きながら大笑いだ。

自分がゲストとして「さんま御殿!!」に出たと想像してほしい。自分が何をしゃべっても、さんま氏が笑ってくれる。あの大スターが、大笑いしてくれるのだ。

さんま氏が「笑ってくれる」＝「認めてくれる、褒めてくれる」ということ。

こんなに話しやすい状況はない。「さんま御殿!!」のゲストが饒舌になるのも当然だ。

これは、教室でも、同じである。教師が、子どもの発言を誰より、認める。褒める。こんなに話しやすい状況はない。子どもたちは、安心して話せるはずだ。

さて、奈良の大仏の脱線トーク。ここからは、一人一人に話を聞いていく。

「〇〇くん、奈良の大仏へは、いつ行ったの？」

まずは、おしゃべりが得意な子に、話を振る。あんまり質問しなくても、聞いていないことまで、答えてくれる。その時、私は、何をしているか？

教師は、「うん」「うん」と、相づちを打ちながら聞く。たまに「へ〜、〇〇なんだ」と、子どもの言葉をくり返す。

これも、さんま氏から学んだトーク術。相づちを打ち、くり返す。そうすれば、子どもたちは、しっかり聞いていると思う。また、会話にリズムが生まれるのも、良い点だ。

おしゃべりが得意でない子の時には、細かく質問する。

「誰と行った？」「大仏を見た感想は？」「奈良で他にどっか行った？」「何か食べた？」

一問一答でもいい。たくさん質問すれば、当然、たくさんの答えを引き出せる。

最後は、笑いを取るのが上手な子に振る。

「奈良でなんか、面白いことなかった?」

こういう子は、無茶振りでも応えてくれる。もちろん、少々つまらない話でも、教師がツッコんで、笑いに変えなければならない。無茶振りした以上は、きちんと責任を取る。

「この夏休みに、どっか行く予定がある人いる?」

こうやって挙手を促し、話を広げることもある。すると、奈良に行ったことのない子にも、話が振れる。

子どもをキャラ付けしておく

ことも有効だ。歴史の話なら、歴史の得意な「歴史博士」に振る。韓国の話なら、Kポップが大好きな「推しはＢＴＳ」に振る。お笑いなら、ロバートファンの「秋山2世」に振る。

パスの出しどころは、多ければ多いほどいい。話が楽に、上手に、回せる。

いずれにせよ、教師は、司会者。振り役である。自分が話すのではなく、子どもの話を引き出そう。話し上手は、聞き上手なのだ。

学級通信を読み聞かせて熱く語れ

私は、長い話が、苦手だ。特に、長い説教は、大の苦手である。
そして、長い話、長い説教をする人が嫌い。これ、子どもたちも、同じである。

子どもたちは、長い話は、苦手。長い説教は、もっと苦手。
そして、長い話、長い説教をする人は、嫌いだ。

教師は、このことを理解すべきだな。特に、「自分は、話し上手だ」なんて、大きな勘違いをしている教師にこそ、伝えたい。
どんな話し上手の教師の話だって、子どもたちは、聞きたくないのだ。ましてや、話し下手の教師の話なんて、もっとそう。

子どもたちは誰も、あなたの話なんて、聞きたがっていない。

そう思っていた方がいい。その方が、謙虚に話せる。できるだけ、短く話そうとする。

しかし、教師は、時に、語ることも必要だ。「はじめに」の文章をもう一度紹介する。

> 土作氏は、教師の言葉で「指導の意味づけをする」ことが大切だとも言う（「○○しなさい」と言うだけでなく、そうすることの理由、目的、価値などを伝えることだと理解している）。

これ、少々、説明不足。そこで、「たとえば」を使って、具体的に説明しよう。

たとえば、教師が「宿題を忘れずにしてきなさい」と言う。子どもたちは、この言葉を守る。しかし、それは、単に、やらされているだけである。

そこで、なぜ、宿題を忘れないことが大切か？を説く。

「宿題には、2つの意味があるんです。1つ目は、学力をつけるため。漢字練習をしないと、漢字は覚えられません。計算ドリルをしないと、計算の仕方は定着しません」

まずは、一般的な理由を説明する。そして、さらに、宿題の「裏」の目的も説明する。

「もう1つは、将来のためです。君たちも将来は、仕事に就くでしょう。すると、いつまでにしないといけないという期限のある仕事もあります。家に持って帰ってでもしないといけないこともあるでしょう。期限を守ることは、責任を果たすことです。その責任感を身につけないと、将来、困る。責任をもって期限までに仕事をしなかったら、クビですよ。自分自身も、将来の家族も困る。未来の自分のためにも、宿題は必ずしなさい」

理由、目的、価値などを伝えて、「指導の意味づけをする」。子どもたちが納得すれば、やる気になる。ただ、やらされるのではない。目標をもってするようになるからだ。

「意味づけをする」のは、子どもたちのモチベーションを上げるためと言ってもいい。

そのために、教師には、子どもを納得させるだけのトーク力が必要なのだ。

土作氏が言いたいのは、こういうことなのだと思う（違ったら、ごめん）。

しかし、私は、「指導の意味づけをする」話が苦手。どうしても、長くなるからだ。どうしても、説教臭くなるからだ。

そんな話し下手な私でも、上手に話せる方法がある。私以外の話し下手な教師でも、上手に話せる方法がある。話を聞くのが苦手な子どもたちにも、優しい方法がある。それは、

学級通信に書く。そして、それを読み聞かせる

という方法である。私は、学級通信を毎日、出している。教育熱心な教師だと、保護者に思わせるためだ。毎日、学級通信を出す教師が、サボっているようには見えない。

しかし、配っただけでは、子どもたちは読まない。労力を使って作ったのに、読んでもらえなければ意味がない。作った以上は、最大の教育効果を発揮したい。そこで、私は、

学級通信は、必ず読み聞かせる

ことにしている。学級通信を読み聞かせると、話し下手な教師にとって、いいことがある。

教師が子どもに伝えたいことは、学級通信にまとめておく。それを読み聞かせれば、

学級通信が、スピーチ原稿になる

のだ。学級通信を読み聞かせれば、教師の思いを子どもたちに伝えることができる。「指導の意味づけをする」ことができる。しかも、学級通信を読み聞かせることは、子どもたちに優しい。長い話をただ聞くよりも、抵抗が少ない。

1つ目の理由は、目で追えるからだ。さほど集中して聞かなくても、目が情報を補ってくれる。また、どのぐらいの長さ我慢して聞けば、話が終わるか？目で見て分かる。いつ終わるのか分からない長い話は、人の心をイライラさせる。しかし、ゴールが見えていれば、安心して聞ける。

2つ目の理由は、同じ話をくり返し聞かずに済むからだ。書き言葉は、話し言葉より緻密である。何度も推敲するので、くり返しはない。結果、書き言葉の方が、短い話になる。

ここからは、日頃、私が学級通信を読み聞かせて、どんな話をしてきたか？どんな「指導の意味づけ」をしてきたか？実際の学級通信を紹介したい。

追い込みトークで危機感を煽れ

4月の最初、「○年○組をスタートさせるための話し合い」をする。まずは、一人一人に紙を配る。そして、

「このクラスをスタートさせるために、決めないといけないことが、いくつかあります。3分間で、箇条書きしてください」

と言う。3分後、まずは、何個書いたか?数えて、立たせる。

「0の人…座る。1個の人…座る。2個の人…」

と、どんどん座らせていく。最後まで立っているのが、一番多く書いた子だ。その子は、

「○個なんて、すごい!クラスのことを、一生懸命考えてくれたからだよね。このクラスを真剣に良いクラスにしようとしてくれている、○○くんに拍手〜!」

こう言って、褒める。「たくさん書いた子」＝「クラスのことを真剣に考えてくれている子」と位置づけて、褒める。位置づけることとは、トーク術の1つ。たとえば、私は「給食のおかわりをする子」＝「感謝の心をもった素晴らしい子」と位置づけている。すると、子どもたちは、進んでおかわりするようになる。

また、全員立たせる。そして、クジで選ばれた子から、席順に1つずつ発表していく。私は、黒板に書く。自分が書いたのを全部言われた子から、座っていく。最後まで立っていた子が、優勝だ。こんな風に、ちょっとしたゲームにするのがいい。

黒板には、子どもたちが考えた「クラスをスタートさせるために、決めないといけないこと」が、全て箇条書きされている。そんな中、私が最初に決めるのは、学級委員長だ。

「最初に決めるのは、もちろん、クラスのリーダーである学級委員長です」

こう言って、「学級委員長」＝「リーダー」と位置づけをする。そして、私は、熱く語る。

「学級委員長を引き受けると、確かに大変だよ。でも、大変な役から逃げてばかりでは、成長できない。大変だけど、学級委員長を引き受け、みんなのために働き、自分を成長させようという人、起立！」

私の熱いトークに促され、毎年多くの子が、学級委員長に立候補してくれる。学級通信でも、いろいろな役に立候補することの「指導の意味づけ」をする。たとえば、学級委員長への立候補が、異様に少なかった時の学級通信だ。

タイトル「『最高学年』に成長していますか？」

4月11日（月）に、クラスをスタートさせるための話し合いを始めました。最初に決めたのは、もちろん、クラスのリーダーである学級委員長です。「学級委員長になると、確かに大変だよ。でも、人のために働く経験をすれば、自分を成長させることができる」。こんな話をして、立候補を募りました。

まずは、男子です。学級委員長の立候補を募ると、…まさかの0人。自分のことができるのは、当たり前。人のために働けるのが「最高学年」だと言い続けています。

男子には、人のために働ける「最高学年」に成長している人がいなくて、残念でした。
次に、女子の立候補を募りました。すると、…次の7人が立候補してくれました。
(※ここで、7人の名前を四角囲みで紹介)
女子には「最高学年」に成長している人が多くて、嬉しいし、頼もしいですね。
ジャンケンで負けた人が、嫌々学級委員長をする。そんなクラスは最悪です。
そこで、もう一度だけ、男子の立候補を募ってみました。
すると、…次の人たちが立候補してくれました。
(※ここで、3人の名前を四角囲みで紹介)
最悪のクラスにしない、させないと、立候補してくれた人たちです。
〇〇くん、〇〇くん、〇〇くんは、クラスの救世主ですね。
今回立候補できなかった人たちは、早く「最高学年」に成長してください。
そうでないと、〇〇小学校の未来は危ういです。
〇〇小学校のために、「最高学年」に成長するのだ!

ここでの最大のポイントは、

「最悪のクラス」をイメージさせて、危機感を煽る。
「○○小学校の未来は危うい」と、危機感を煽る

ということ。他の学級通信でも、私は、くり返し危機感を煽ってきた。
たとえば、運動会。私は、学級通信に、次のように書いている（「児童係」は、応援団。「総務係」は、開閉会式などで、児童代表の役を担当する）。

タイトル「運動会の係　たくさんの人が立候補しました！」

9月5日（水）の昼休み。
運動会の児童係、総務係、放送係のオーディションが行われました。
今年の運動会は、君たち6年生がつくります。
6年生全員が「本気」にならないと、素晴らしい運動会にはなりません。

もちろん、児童係、総務係、放送係のような係も、積極的に引き受ける必要があります。ジャンケンで負けた人が、嫌々応援団長になったり、嫌々児童代表の挨拶をしたり、嫌々放送をしたりするようでは、運動会が盛り上がるわけがないからです。

6年5組には、人任せにせず、「自分の手で運動会をつくろう！」「自分の手で運動会を盛り上げよう！」とがんばれる人がたくさんいます。

児童係、総務係、放送係に立候補したのは、次の人たちです。

（※ここで、立候補した子の名前を四角囲みで紹介）

君たちがいてくれれば、大丈夫です。

自分たちの手で運動会をつくり、盛り上げてください。最高の運動会にしてくださいね！


「ジャンケンで負けた人が、嫌々…」と、最悪の事態をイメージさせ、危機感を煽る。そして、6年生を全校のために働ける「最高学年」に育てていく。「最高学年」が育っていない学校に、未来はない。これは、事実。

話し下手な教師は、学級通信で、熱く語ろう。熱く語って、子どもを鍛え育てるのだ。

追い込みトークで、4年生のうちに「高学年」に育てよ

私の学校では、1月に、来年度の委員会を決めている。2月は、引き継ぎ期間。3月は、4、5年生が委員会を担当する。来年度をスムーズにスタートさせるためだ。

来年度の委員会を決める時。私は、最初、次のように言う。

「どの委員会も、大切な仕事です。でも、まずは、学校の中心になる運営集会委員会から決めます」

ちなみに、「運営集会委員会」とは、昔の「児童会」や「生徒会」みたいな委員会だ。運営集会委員会を最初に決めることで、大切な委員会だと認識させる。特別感を出し、名誉職である位置づけをする。学校の「リーダー」という位置づけをする。

「どの子も平等に」なんて理由で、「リーダー」を決めない学級、学校もある。しかし、

私は、反対だ。声を大きくして、言いたい。

学校教育で、きちんと「リーダー」を育てるべきだ。

だから、私は、学校の中心になる委員会から決める。

実際、この委員会にやる気のない子が入ると、大変だ。集会や代表委員会の準備で、昼休みがつぶれることも多い。全校の前に出て、話すことも多い。

それなのに、やる気のない子がなると困る。昼休みに仕事をサボると、学校全体が回らなくなってしまう。人前に出るのを断る子ばかりだったら、集会も代表委員会もできない。

では、どうやって決めるか？本当は、選挙を経験させたいところだ。しかし、選挙のある学校に勤めたことがない。そこで、私は、ジャンケンで決めている。


ジャンケンで、大丈夫。有能であるかどうかは、関係ない。

やる気さえあれば、学校の中心、「リーダー」として、鍛えていくことができる。


実際、私は、何人もの子が、大きく成長する姿を見てきた。この子で大丈夫？なんて思う子が、運営集会委員になる。しかし、全校の前に立ち続けることで、驚くほど、堂々とした態度になる。やはり、のだ。ある年は、不登校傾向の強い子が運営集会委員になってしまった。「なってしまった」と書いたのは、正直、不安だったからだ。学校全体のために働けるかどうか？以前の話である。学校に来るかどうか？が不安なのだ。正直、ジャンケンに負けろと願っていた。

しかし、運営集会委員になって、この子も、大きな成長を見せた。まずは、休まなくなった。学校の「リーダー」としての責任を感じていたのだろう。全校が集まれば、ピシッと「気をつけ」をした美しい立ち姿を見せる。全校児童の前でも、堂々とスピーチする。そんな大きく成長した姿を見て、涙が出そうになったものである。

この子は結局、６年生でも、運営集会委員になっていた。学校全体の「リーダー」に成長した証拠である。

では、４年生の学級通信を紹介しよう。初めて「高学年」として、全校のために働く委員会を決めた時のものだ。

この通信でも、人のために働ける「高学年」に成長しろ！と、私は熱く、語っている。

1月17日（火）の1時間目。

4年生全員が集会室に集まって、委員会を決めました。

最初に決めたのは、もちろん、○○小の中心となる運営集会委員です。

「運営集会委員は、クラスで言えば、学級委員長みたいなもの。ジャンケンで負けた人が嫌々、運営集会委員をする学校なんて、最悪です。○○小学校を良い学校にしたいなら、運営集会委員に立候補しなさい。学校全体のことを考えられるのが『高学年』です」

こんな話をして、立候補を募りました。


女子は、すぐに、たくさんの人が、立候補してくれました。

1組で、運営集会委員に立候補してくれたのは、次の人たちです。

（※ここで、6人の名前を四角囲みで紹介）

2組からも、多くの人が立候補してくれて、合わせて10人を軽く超えました。

「こんな子たちが『高学年』になってくれるなら、○○小の未来は明るい！」と、とっても嬉しくなりました。

問題は、男子です。2組の子が1人、立候補してくれました。しかし、1組は、0人。

このままでは、ジャンケンで負けた人が、嫌々、運営集会委員を引き受ける、最悪の事態になりそうです。

しかし、もう一度、立候補を募ってみると、…1組からは、次の人たちが立候補してくれました。

（※ここで、12人の名前を四角囲みで紹介）

2組からも、たくさんの立候補がありました。

「このままでは、○○小の未来が、やばい！」と、危機を感じてくれたのでしょう。

この人たちの「お陰」で、○○小最大の危機を乗り越えることができました。

オーバーでなく、救世主ですね。

女子にも、男子にも、〇〇小学校のことを真剣に考えてくれる人が多くて、頼もしいです。運営集会委員に立候補してくれた人たちは、確実に本物の「高学年」に成長してくれていますね！

この時は、「運営集会委員」の後に、「放送委員」を決めた。放送委員は、向き不向きがあるからだ。また、放送委員会の担当教師から「しっかりした子を」と、頼まれたという裏事情もあった。全ての委員会を決めた後の学級通信も紹介しよう。


「運営集会委員会」「放送委員会」以外の委員会も、もちろん重要です。

たとえば、園芸委員会が、水やりを忘れると、花は枯れてしまいます。

たとえば、保健委員会が、液体石けんを入れるのを忘れると、全校の人が手を洗えません。

たとえば、体育委員会が、体育倉庫を閉め忘れると、ボールを盗まれてしまうかも知れません。

どの委員会も、〇〇小学校を支える大切な活動をしています。

「高学年」の君たちなら大丈夫だと、仕事を任せてもらっているのです。
責任をもって仕事をして、○○小の子どもたちが困らないようにしてくださいね。

仕事を忘れると、どうなるか？を語る。こんな話をして、責任感をもって、仕事をする人間に育てていくのだ。そして、最後に「決めゼリフ」。これも、学級通信に書いて、語る。

「『高学年』としての自覚とプライドをもって、全校のために働きましょう！」

3学期は、こうやって、4年生を「高学年」に育てていく。ちなみに、

4年生担任は、1年間を見通して、4年生を「高学年」に育てなければならない。

4年生担任には、4年生を「高学年」に育てるための1年間の「策略」が必要なのだ。

まずは、1、2学期。自分のことぐらい、確実に、サッと、できるように育てる。

そのために、1学期から、次のように言い続ける。これも、学級通信を使って、語る。

3学期、6年生は、お客さんです。

そして、君たち「上学年」の4年生は、3学期は「高学年」になります。「高学年」は、自分のことができるのは、「当たり前」。自分のことはサッと済ませて、人のために働けるのが「高学年」です。

たとえば、「高学年」は、給食をゆっくりは食べられません。いろいろな委員会がお昼の放送でお知らせをしますよね。そんな時は、みんなのために放送をかけた後で、給食を食べます。もちろん、時間内にです。

君たちは「上学年」として、まずは、自分のことぐらいサッとできるようにならないと困る。4年生の2学期までに、なんとかしなさい。自分のことがサッとできる「上学年」に成長しなさい。

6年生になってから、「最高学年」に育てるのでは遅い。5年生の3学期から「6年生を送る会」「卒業式」を通して、「最高学年」に育てておく必要がある。

4年生も、同じ。5年生になってから「高学年」に育てたのでは、もう遅い。手遅れだ。

学級通信で熱く語って、4年生のうちに「高学年」に育てなければならない。

意味づけトークで、子どもを優しくさせる

クラスには、友達のことを想った、優しい行動をする子がいる。まずは、教師が、こういう優しい行動を見逃さないことが大切だ。

それなのに、若手教師は、子どもを見ない。いや、子どもが見えない。

教師は、広い視野をもって、子どもたちを見よう。
そのために、「子どもを見る目」を鍛えよ。

意識して、修行しなければ「子どもを見る目」は、身につかない。

子どもの優しい行動を見つけることさえできれば、

「○○くん、○○してあげるなんて、優しいねぇ！」

こう一言、褒めてやるといい。褒められた子は、嬉しくなる。そして、たくさん優しい行動をするようになる。さらに、みんなの前で、

「今日、とっても嬉しいことがあったんだ。○○くんが○○してあげていてさあ。先生、見ていて、とっても温かい気持ちになった。優しい○○くんに拍手～！」

と褒めれば、他の子の優しい行動も増える。褒めて典型化していくのは、教育の王道だ。

しかし、それだけでは、不十分。

優しい行動も、なぜ優しいのか？価値を説明する。優しい行動の「意味づけ」をすることで、子どもたちのモチベーションは、さらに上がる。

この「意味づけ」にも、学級通信が有効だ。２つの記事を紹介しよう。まずは、新学期初日に、教科書を配った時の記事である。

ちなみに、この学校では、国語と算数以外の教科書などの「置き勉」を許している。私は、最初、驚いてしまった。しかし、今は、違和感はない。デメリットも感じない。教科書が重たくなっている。読者の学校でも「置き勉」を許してはどうだろう。

4月8日（月）1時間目の学活。最初にしたのは、教科書配りです。
最後に、自分の教科書をロッカーに片付けました。
見ていて、驚いたことがありました。
お休みの子や、教室にいない子の教科書まで、ロッカーに片付いているのです。
聞いてみると、次の人たちが、ロッカーに片付けてくれたそう。
（※ここで、4人の名前を四角囲みで紹介）
まずは、片付けられていない教科書に気づくのが素晴らしい！
そして、「それなら、自分が片付けよう」と進んで働けているのが素晴らしい！
○○くん、○○さん、○○さん、○○くんは、よく気づき、進んで働ける人たちですね！素敵なことだと思います。
そして、何よりも人を思いやる優しい気持ちが表れた行動です。
○○くん、○○さん、○○さん、○○くんの優しさに温かい気持ちになりました。

「よく気づき、進んで働ける人」だと「意味づけ」して、褒めている。

次は、委員会の企画に参加した子を紹介した学級通信だ。これは、抜粋。長くなるし。


こういう企画への一番の協力は、参加すること。

いろいろな企画をする側の6年生なら、分かりますよね。

自分たちが苦労して準備した企画に、たくさんの人が来てくれれば、嬉しいものです。

逆に、参加者が少ないと悲しくなりますよね。

図書委員のがんばりに参加して協力したのは、次の人たちです。

（※ここで、12人の名前を四角囲みで紹介）

企画した人たちの気持ちが分かる偉い、優しい人たちですね！


企画した子の気持ちを考え、がんばりが報われるようにしてあげる。それが、優しさだ。

どの子も、所属する委員会で、自分が企画に回る時もある。共感し、納得できる話だろう。

こういう学級通信を読み聞かせれば、クラスに優しい行動が増えていく。

学級通信で褒め、進んで学習するように仕向ける

私は、学級通信で、算数のテストの平均点を紹介している。

ちなみに、平均点の「目標」は90点。「夢」は95点。子どもたちにも、言ってある。

テスト返しの前、私は、黒板に「□□・□」と書く。そして、

「このテストのクラス平均は、何点でしょうか？　隣の人に言ったら、立ちなさい」

と言う。さらに、十の位の□を指さしながら、

「ここが『9』なら、『目標』クリアだよね。8だと思う人？　下ろす。9だと思う人？」

「9」だと思う子が手を挙げる。手を挙げたまま、正解発表。私が「9」と書くと、歓声が上がる。手を挙げていなかった「8」の子は座る。さらに一の位の□を指さしながら、

「ここが『5』以上なら、『夢』クリア。『夢』クリアだと思う人？」

これも、手を挙げさせたまま、正解発表。「9」と書くと歓声が上がる。

最後に、小数第一位に「0」と書く。立っているのは、見事に「99.0」を当てた子。

予想が当たったことに、「すご〜！」と、驚きの声。もちろん、みんなで拍手を贈る。

これは、テスト返し前の恒例。ちょっとした、お楽しみのゲームである。

この時の学級通信は、次のようなもの。

タイトル「2学期全てのテストで『夢』の95点をクリアです！」

12月8日（金）2時間目の算数。「比例と反比例」のテストをしました。

このテストのクラス平均は、…99.0点。見事に「夢」の95点をクリアです。

というか、99点なんて、ほとんど100点じゃないですか!!!

本当に君たちの力は、すごいですね。

気がつけば、2学期に行った算数のテストは、全て「夢」の95点以上を達成です。

サボらず、全力で、授業に取り組んだ甲斐がありました。

何度も見直して、ミス退治に取り組んだ甲斐がありました。
あとは、3学期を残すのみ。
3学期もがんばって、この快記録を続けていきましょうね。

「サボらず、全力で、授業に取り組んだ」と、子どもたちを褒めている。
「何度も見直して、ミス退治に取り組んだ」と、子どもたちを褒めている。
しかし、子どもを褒めているのは、表向き。本当のねらいは、

「俺は、子どもたちに確実に学力をつけている、優れた教師だ！」という私の「宣伝」

なのである。テストで、クラス平均99点も取らせたのだ。保護者は、適当な授業をしているなんて思わない。授業上手、教え上手な教師だと思う。

保護者に分かるのは、漢字が書けるようになったか？計算ができるようになったか？だけ。さらに言えば、テストの点しか分からない。

保護者は、所詮、教育のシロウトだ。「主体的・対話的で深い学び」なんて、分かるはずがない。いや、クロウトの私にも、分からない。「深い学び」ってなんだ？（笑）

テストの点しか分からない保護者である。我が子のテストの点が良ければ、安心する。悪ければ、心配する。「先生の授業、大丈夫？」と、不安になる。不信にさえなる。

だから、私は、テストの点にこだわる。『策略―ブラック授業技術』にも、書いた通りだ。あの手この手を尽くせば、「95点」なんて、楽に、取らせることができる。

ちなみに、テスト前日の宿題の1つは、テスト勉強。私のクラスの子どもたちは、驚くほどの量、勉強してくる。その理由は、2つ。

1つ目は、きちんと評価しているから。それなりにがんばれば、スタンプ1つの「1つ星」。がんばったら、スタンプ2つの「2つ星」。すごくがんばったら、スタンプ2つとシールの「3つ星」。シールは、自分で好きなものを選べる。少ない子は、当然、やり直し。

2つ目は、学級通信で紹介しているから。たとえば、先ほど紹介した「2学期全てのテストで『夢』の95点をクリアです！」の記事。その下に載せている記事は、「6年生には、『努力の天才』がたくさんいます！」だ。

たくさんテスト勉強してきた子を、名前を紹介して、褒めている。

テスト勉強と言えば、私は、ノルマを課さない。それは、次のような理由からだ。これも、学級通信で、子どもたちに語っている。

6年生は、もうすぐ中学生です。中学校では、先生がテスト勉強のノルマを示してはくれません。

今までは、先生が「最低3ページね」と、ノルマを課してきたかも知れません。そして、先生の決めたノルマをもとに、「ノルマ分だけがんばろう」とか「ノルマより1ページ多くがんばろう」「ノルマの2倍がんばろう」と、決めてきたかも知れません。

中学校では、自分でノルマを決めないといけなくなります。

こんな説明をして、ノルマは設定しない。それでも、子どもたちは、たくさん勉強してくる。やっぱり、2つ目の理由「学級通信で紹介しているから」が、デカい。学級通信で名前を挙げて褒めることは、威力満点。言葉だけで褒める100倍の効果がある。

卒業式は、学級通信で「涙」を誘え！

私は、真面目な話が、苦手だ。長い話も、苦手だ。そんな私が、何度も、6年生を担任してきた。卒業式も、何度も、経験してきた。しかし、卒業式後に、教室で行われる学級活動。これが、実に、苦手。だって、ふざける雰囲気じゃないもんね。

しかし、ある時から、苦手でなくなった。先ほどから紹介している「学級通信を読み聞かせる」という、トーク術を使っているからだ。

卒業式後の学級活動は、熱く語るに限る。少々臭い話でも、卒業式なら、許される。

特に、臭い部分を引用する。去年、発行した卒業式号だ。「卒業式に向けては、次のような話をしましたね」と、始めている。

子育てって、死ぬほど大変なんだよ。でも、お母さん、お父さんは、君たちがかわいいから、君たちを愛してくださっているから、12年間も育ててくださったんだ。

君たちは、それを絶対に、当たり前だと思ってはいけない。有り難い、ありがとうと、感謝の気持ちをもつべきだ。そして、それを伝えないといけない。

感謝を伝えると言っても、お母さん、お父さんがほしいのは、高価なプレゼントじゃない。一番ほしいのは、君たちの成長した立派な姿。

卒業式で、立派な姿を見せれば、お母さん、お父さんは思ってくださるはずだよ。「こんなに立派になって…大変だったけど、がんばって育ててきて良かった」って。


プンプン臭ってきた。非常に臭い。でも、子どもたちにも、言ってある。

「普段、君たちが『産んでくれて、ありがとう』って言ったら、間違いなく、病院に連れていかれます（笑）。でも、卒業式なら、大丈夫。たまには、思いっきり臭いセリフで、お母さん、お父さんを喜ばせてあげなさい」

と。卒業式は、臭い話、臭いセリフが許される「ハレの日」なのだ。

私は、さらに、学級通信で語る。

「でも、卒業式の機会に、『姿』だけでなく『言葉』でも感謝を伝えたいと考えました」

この言葉を合図に、子どもたちが感謝の手紙を手渡す。もちろん、感謝の言葉を添えて。臭いセリフを添えて。子どもたちも、保護者も、大号泣だ。そして、もちろん、私も。

教師は、涙を我慢すべきではない。教師も一緒になって泣いた方が、感動的な場を演出できる。私は涙ながらに、学級通信を最後まで読み聞かせた。そして、次のように言った。

「残りの時間は、教室で記念撮影をしてください。5年生がきれいに飾ってくれていますので。お見送りの後は、教室に戻ってくることはできません。今がチャンスです」

お見送りの準備ができるまで、時間を持て余すことも多い。そこで、写真撮影で、時間調整する。これも、ちょっとしたテクニックだ。

この卒業式の学級通信。本当は、全文紹介したいところである。でも無理かなぁ…と思ったらできた！明治図書、恐るべし！

第3章

学年、全校を騙す「詐欺トーク」術

衝撃を与える、着任式での「歌」

4月、新年度初日。始業式の前に、着任式が行われる。新しく転勤してきた教師を、子どもたちに紹介する式だ。

新しく来た教師は、ステージ上に並ぶ。そして、一人一人、順番に挨拶をする。

そんな時、私は必ず、次のような挨拶をしてきた。着任式の挨拶の鉄板トークネタだ。

私の順番が回ってきたら、まず、

「せっかくマイクを持たせてもらったので、歌を歌いたいと思います」

と、話を振る。「歌」の言葉に、子どもたちは、驚いた表情だ。いや、教師さえもが、驚いた表情を見せる。

驚いた表情は、無視。私は、平然と、歌い始める。

「ちょうちょ～♪ちょうちょ～♪菜の葉にと～ま～れ～♪菜の葉にあいた～ら～♪桜にと～ま～れ～♪」

わざと少々、音痴気味に歌う。私の名誉のために、言っておく。私は、軽音学部だった。音痴ではない。「わざと」音痴を装って、歌うのだ。大きな声で、高らかに。とっても気持ち良さそうに歌うのが、ポイント。イメージは、ジャイアンのリサイタルだな。

私の歌声を聞いて、子どもたちは、笑顔になる。両耳を押さえる子もいる。動作でツッコんでくれているなと、嬉しくなる。面白そうな先生だ、という印象は残せたようだ。

ここで、私は、歌うのをやめる。そして、真顔で言う。

「さて、ここで問題です。ちょうちょは、本当に、桜に止まるのでしょうか？」

いきなりのクイズ。いきなりの展開である。子どもたちは、おっと驚いた表情になる。ただ面白いだけじゃない、知的な教師であることも、アピールできる。

「そんなことを一緒に勉強していきたいと思います。中村健一です。よろしくお願いします！」

明るく元気に、大きな声で言う。これで、挨拶は終わりである。

とっても短い挨拶だ。しかし、効果は、バツグン。

歌を歌うことで、面白そうな先生だ、とインパクトを残せる。

知的なクイズで、いろいろなことを知っている先生だ、という印象を残せる。

明るく元気な先生だ、というアピールもできる。

まさに、いいことしかない。いいことずくめ。ということで、着任式の鉄板トークネタ。

この後、始業式で、担任が発表される。私のクラスになった子どもたちから、「やった～！」と、歓声が上がることも、少なくない。

初めて行った学校なのにだ。この挨拶の威力が、分かるだろう。

そして、始業式の後、いろいろな学年の子が、

「ちょうちょ先生！ちょうちょは、桜に止まるよ。だって、僕、見たことある！」

などと、私に、話しかけにくる。


この挨拶は、子どもが話しかけたくなる「餌」をまくこともできるのだ。

まさに、完璧。これ以上の着任式の挨拶はない。「よく考えた!中村健一!!」と、自分で自分を褒めたくなる。

しかし、このネタ、私のトークネタではない。伴一孝・TOSS長崎著『初めて教壇に立つあなたへ　ウルトラ教師学入門』(明治図書)で紹介されているトークネタだ。

私が、このネタを知ったのは、初任者の年。一緒に着任した教師に、山本伸宏先生がいた。山本先生は、筑波系算数の実践家。「ちょうちょネタ」は、この時、山本先生がされた挨拶だ。初任の私は、度肝を抜かれたのを覚えている。というか、忘れられない。

山本先生の後にした私の挨拶は、…全く覚えていない。私だって、初任者の時は、あったのだ。緊張する時も、あったのだ。

着任式だけではない。他の自己紹介でも、歌を歌うことは、有効だ。絶大なインパクトを残すことができる。

たとえば、PTA総会。PTA総会でも、新しく来た教師は、挨拶することが多い。そんな時も、私は、歌を歌う。「宇宙戦艦ヤマト」の主題歌だ。

歌詞を載せると、許可を取るのが、面倒くさそう。そこで、トークネタ紹介だけ。

私は、歌い始める。しかし、途中で、つまらなそうな顔をしてやめる。そして、

「誰も、『パパパパ〜ン♪』って、入れてくれないんで、つまらないんですけど…」

と言う。会場に、笑いが起きる。

「『パパパパ〜ン♪』って、みなさんで、入れてもらってもいいですか!?」

私の拍手をするポーズに促されて、会場に拍手が起きる。

私が歌う。会場から「パパパパ〜ン♪」と、口演奏が聞こえる。まあ、PTA総会に出るような保護者は、協力的だしね。私は、最後の「や〜ま〜と〜♪」まで歌い終わる。

「みなさんのお陰で、気持ち良く歌えました。本当に、保護者のみなさんが協力的で。素晴らしい学校に来たと、嬉しく思っています」

感謝と、多少のおべっかを言う。最後に、

「『宇宙戦艦ヤマト』は、小学校の時、リアルタイムで見ていました。昭和の男、中村健一です。よろしくお願いします」

と、簡単な自己紹介をして、終わりである。

歌を歌うことで、保護者にも、強烈なインパクトを残せる。でも、真似できないかなあ。私だって、ちょっと勇気がいるもんなあ。

「イチャモン」をつけてから、話せ

立ったり、座ったり。子どもたちを動かしながら、話す。

始業式や終業式が終わると、生徒指導主任が話をすることが多い。つまり、私の出番。

そんな時、私の第一声は、いつも決まっている。

「全員、起立！まずは、服装を正します。シャツ、入れる。えり、きれいにする。そして、名札がついている。全部できたら、座りなさい」

これが、私のトーク術である。教師が、一方的に話すことはしない。

さらに、私は、座れずに立っている子を叱りつける。つまり、名札を忘れた子。

「名札をつけるというルールがあるはずです。ルールは、必ず守りなさい。明日は、必ず、名札をつけてくるという人は、座る」

こうやって、最初に一喝してから、本題に入る。

実は、私は服装に、そんなにこだわりはない。クラスで、服装をきちんとさせるのは、参観日ぐらい。「親に恥をかかせるな！」と言って、ここで、服装をきちんとさせる。

名札は、まあ、つけるように言うかな。でも、名札をつけさせることに力を入れているわけではない。

それなのに、なぜ、服装や名札を注意するのか？一喝するのか？それは、

私の話の最初に、ピシッとした空気にするためだ。
「イチャモン」をつけて、空気を引き締めていると言っていい。

私は、こういう「先制攻撃」をよくする。たとえば、生徒指導上の問題を起こした子を呼んだ時である。

私は、わざと1分程度遅れて、「説教部屋」に行く。その時、イスに座って待っている

子がいたら、私は、

「聞くけど、これって、良いことで呼ばれたの？悪いことで呼ばれたの？」

と、聞く。子どもたちは、当然、「悪いこと」と、答える。

「そうだよね。悪いことだ。だったら、立てよ！良いことなら、ナンボでも、座らせてあげるけど」

子どもたちは、恐縮した表情で、立つ。そこで、さらに「イチャモン」をつける。

「悪いことしたって、分かってるんだよね。少しでも、反省の気持ちがあるんなら、態度で示せよ。『気をつけ』ぐらい、しろ！」

これで、「説教部屋」の空気が重くなる。説教するには、最適の空気である。

子どもたちは、私の説教を真面目に聞く。いや、聞かざるを得ない状態に、追い込まれているのだ。

その場の空気を支配する者が、トークを制する。

どんな話をするか？話の内容も、もちろん大切だ。

しかし、どんな空気で話をするか？は、内容以上に大切な要素である。

もちろん、面白い話をする時には、空気を温めなければならない。

そのために、テレビ番組の収録前には、「前説」が行われる。若手芸人のトークで、会場の空気を温めておくのだ。

会場が温まっていれば、少々のことでも笑える。逆に、寒い空気だと、どんな秀逸なギャグでも笑えない。

落語だって、そう。本題に入る前に、「枕」で会場を温める。その後で、本編だ。

真面目な話をする前には、空気を重たくする。
面白い話をする前には、空気を温める。

これ、トーク術の大原則だ。そして、くり返しになるが、「その場の空気を支配する者が、トークを制する」は、その通り。名言だ。ということで、中村の名言に認定！

トーク術と言えば、話の内容に、目が行きがちだろう。しかし、子どもたちに聞かせたいと思えば、内容だけでは、不十分。内容以外の要素が、非常にデカいのである。

6年生へのおだてトークで、学校全体を締める

生徒指導主任の話に、話を戻す。う～ん、「話」が重なって、少々くどい。

私は、1学期の始業式の後は、次のような話をしている。服装や名札で「イチャモン」をつけた後である。

「この学校で一番立派なのは、何年生か知っていますか？　そうですよね。もちろん、6年生です。6年生、…起立！」

こう言って、6年生を立たせる。

「見てごらん。さすが、立派な6年生。きれいな立ち姿でしょ。美しい『気をつけ』だ！」

この時点で、きれいな「気をつけ」ができているわけではない。しかし、こう言われれ

ば、6年生は、全力で「気をつけ」せざるを得ない。子どもは、褒めて動かすものだ。

ここからは、6年生を使って、全校に正しい「気をつけ」を教えていく。

「まずは、6年生の足を見て。かかとをつけて、つま先を開いている。次は、手。手は足の横につけて、指先までピシッと伸びている。そして、目線。斜め上を見ている。下を見ている6年生は、いない」

私の言葉と動きに合わせて、6年生は、懸命に「気をつけ」をする。美しい「気をつけ」のできあがりだ。

「さすが、6年生だよね。さすが、○○小のリーダーだ。素晴らしいリーダーたちに拍手を贈ってね。拍手～！」

全校から大きな拍手をもらって、6年生は、得意顔になる。私は、

6年生がダメな学校は、学校全体がダメになる。
6年生が良い学校は、学校全体が良くなる

ということを、身をもって経験してきた。だから、6年生を鍛え育てる。6年生担任でなくても、6年生を鍛え育てる。

6年生を鍛え育てることは、私の学級を崩壊させないために、大切な「策略」だからだ。

他の学級を崩壊させないためにも、大切な「策略」だ。

もちろん、初任者の学級を崩壊させないためにも、大切な「策略」だ。

自分の学級が崩壊しなければ、楽できる。と同時に、他の学級も崩壊しなければ、楽できる。崩壊学級のある学校の生徒指導主任は、本当に大変だ。

6年生に「気をつけ」させた後、「高学年」の5年生を立たせて「気をつけ」させることもある。さらに、「上学年」の4年生、「1、2年生のお手本」の3年生、「明日入ってくる1年生の先輩」の2年生と、順番に「気をつけ」させることもある。

「最高学年」「高学年」「上学年」「1、2年生のお手本」「1年生の先輩」と、それぞれの役割を与える。

それぞれの学年に、それぞれの「仮面」をつけさせるのだ。

子どもに、本当の自分の姿なんて、見させなくていい。本音なんて、言わせなくていい。

学校では、「児童」という「仮面」をつけさせる。そして、「児童」を演じさせる。

私だって、学校では「教師」という「仮面」をつけている。そして、「教師」を演じている。本当の私を出すことはない。そんなことをしてしまったら、アウト。すぐに、クビになってしまうに決まっている。

順番に「仮面」をつけさせて、全力で「気をつけ」をさせる。すると、全校が美しい「気をつけ」ができるようになる。こうなると、落ち着いた雰囲気を演出できる。

2~5年生は、座らせる。6年生だけを立たせたまま、さらに、次のように続ける。

「今日の始業式は、全校が落ち着いた態度で、最高だった！これは、君たち『最高学年』の『お陰』！ありがとう！全校のお手本になって、始業式を成功させてくれた『最高学年』、6年生に拍手～！」

こうやって、全校の前で褒める。そうすれば、6年生も、手を抜くわけにはいかない。全力で「気をつけ」を続ける。こうやって、子どもを追い込む。褒めて、追い込む。

「今日のように始業式が成功すれば、君たち6年生の『お陰』。でも、全校がザワザワして失敗すれば、君たち6年生の『せい』！厳しいけど、『最高学年』とは、そういうもの。これからも、全校が集まる場では、お手本として振る舞ってね。そして、全校が素晴らしい態度で、君たちの『お陰』って言わせてね。頼んだよ！」

「はい！」

6年生は、力強く返事をする。こうやって、6年生を「最高学年」に鍛え育てていく。

ちなみに、6年生が気を抜いて「気をつけ」していなかったら、

「6年生にできないことが、下の学年にできるわけがない」

と、厳しく叱る。「気をつけ」だけではない。この言葉は、私の「決めゼリフ」だ。

廊下を走った時、掃除でしゃべった時などなど。この決めゼリフで、6年生を叱る。

もちろん、6年生以外にも使える。たとえば、「高学年である5年生にできないことが、下の学年にできるわけがない」と、5年生を叱ることもある。「2年生にできないことが、1年生にできるわけがない」と、2年生を叱ることもある。

それぞれの学年に、それぞれの「仮面」をつけさせよう。指導がグッと楽になること、間違いなし。楽に、子どもをコントロールするのだ。

「合言葉」でくり返し、徹底せよ

やっと、生徒指導の話の本題。「前フリ」が長すぎる、と感じた読者もいるだろう。しかし、本題よりは、ずっと前フリの方が大事。本題に入る前に、トークの勝負はついている。話の内容よりは、どうやって話すかの方が、はるかに大切なのだ。

「中村先生から、1つだけ話をします。ルールは、何のためにあるか？です。知っていますか？ルールは、自分を守るためにあるんです。分かりました？確認します。ルールは、何のためにありますか？」「自分を守るため！」

子どもたちは、答える。くり返すが、私は、一方的に話さない。立ったり、座らせたりする。子どもを動かしながら話す。

ここでも、「自分を守るため！」と、声出しをさせている。声出しも、子どもたちを動かす方法の1つだ。

「自分を守るため！」と、全校の声が揃えば、褒める。揃わなければ、揃うまで、くり返し言わせる。

全校が、声を揃えて言えるようになる。

これは、私が一番大切にしていることだ。声を揃えて言うことで、リズムが生まれる。一体感が生まれる。全校の声が大きくなる。多少時間がかかっても、鍛えておくべきだ。

「全員、起立！ルールは、何のためにありますか？」「自分を守るため！」

「では、『自分を守るため！』と、10回言ったら座ります」

子どもたちは口々に「自分を守るため！」と言う。これも、もちろん、子どもを動かしながら話すための方法の1つ。全員が座ったら、もう一度確認する。そして、語る。

「ルールは、何のためにありますか？」「自分を守るため！」

「そうです。ルールは、自分を守るためにあります。クラスに帰ったら『学校生活のきまり』というプリントをもらうと思います。そこに書いてあるルールを全部守れば、絶対に、危ない目に遭いません。絶対に、自分を守ることができる」

流れるように、やや早口で、まくし立てる。そして、しつこいが、最後に確認。

「ルールは、何のためにありますか?」「自分を守るため!」

「ルールを守って、自分を守って、楽しい学校生活を送ってください」

これで、話は終了だ。

この後も、生徒指導主任の話をする機会があれば、

「ルールは、何のためにありますか?」「自分を守るため!」

の確認から始める。毎回毎回、くり返しくり返し、確認する。

夏休みなどの長期休業前の終業式。生徒指導上、注意するポイントを説明することが多い。私は、必ず3つに絞って、説明する。

夏休みなら、「川」「帰宅時刻」「飛び出し」かな。冬休みなら、「火遊び」「お金」、う〜ん、「帰宅時刻」か「飛び出し」か迷うな。もちろん、その時起きている問題を取り上げることもある。

いずれにせよ、3つに絞って話す。子どもは、4つ以上は、覚えられない。

この時の注意は、全て「ルールは、自分を守るためにある」の文脈で説明できる。

たとえば、「川に子どもだけで行って、溺れたら、死んでしまう」「帰宅時刻を守らなかったら、不審者に狙われる」「飛び出しをしたら、事故に遭う」という具合である。

そうそう、たとえば、昼休み。生徒指導上の問題で、子どもを呼び出すことがある。そんな時は、話の最後に、次のようなやり取りをする。

「昼休み、こんなお説教を聞くんじゃなくて、遊びたかった人？」

当然、集まっているメンバー全員が、手を挙げる。

「だよね。先生だって、遊びたかった。でも、君たちがルールを守らないから、遊べなかった。せっかくの昼休みなのに」

ここで、中村の「決めゼリフ」。

「ルールを守れば、『昼休みに遊べなくなる』なんて事態からも、自分を守ることができる！ルールを守って、自分を守りなさい！」

う〜ん、「ルールは、自分を守るためにある」は、鉄板のスローガンだな。

親を「だし」に、やる気にさせるトークを繰り出せ

私は、『ブラック』教師である。結果が出せるなら、なんでもする。なんでも、利用する。私が、よく利用するアイテムに「親」がある。

子どもたちだって、親に恩義は感じている。「親の愛」を「だし」にして、子どもたちをやる気にさせる。

私がよく使うトーク術である。

たとえば、修学旅行。子どもたちには、「修学旅行は、遊びではない」と、教えてある。

修学旅行について話をする時の最初。私は、必ず、次のように問う。

「修学旅行は、遊びなの？」「遊びじゃない！」

子どもたちは、声を揃えて答える。自分に言い聞かせるように、強く言わせる。必ずこのやり取りから、スタートだ。

「授業時間を12時間も使って、行くのです。遊びのわけがありません」

まずは、授業時間の話で、軽くジャブ。そして、本命の「親」登場だ。

「また、お母さん、お父さんに、2万5千円という大金を払ってもらって、行くのです。2万5千円って、大金だよ。2万5千円稼ぐために、お母さん、お父さんは、どれだけ苦労して働いてくださるか」

いかに2万5千円が大金かを強調する。

「それなのに、君たちがかわいいから、君たちのことを愛してくださっているから、2万5千円という大金を払って、修学旅行に行かせてくださるんだ。成長して帰ってこなければ、申し訳なさすぎです」

「愛して」なんて、非常に臭いセリフである。臭いが、プンプンしてくる。でも、恥ずかしいなんて言ってられない。効果があるなら、なんでもする。臭いセリフも、平気で口にする。

卒業式は、第2章「卒業式は、学級通信で『涙』を誘え！」で書いた通り。「親の愛」

を卒業式の涙の演出に利用する。入学式も、そう。6年生に、次のような話をする。

「1年生の保護者って、心配しているんだよ。この学校に6年間通わせて、大丈夫だろうかって。でも、入学式に参加している6年生が立派な姿を見せれば、保護者も安心する。この学校に6年間通えば、あんな立派になるんだ。この学校なら、大丈夫って」

そして、合言葉「立派な姿で、安心させる！」を目標にして、本番に臨ませる。まあ、これは、他人。1年生の親の話か。「親の愛」とは、ちょっと違った。

一番「悪用」しているのは、生徒指導でだな。問題を起こした子の保護者に、学校に来てもらう。これ、よくある話。子どもと保護者と担任と私で、話をすることが多い。

一通りの説教が終わった後、私は、言う。しみじみと、言う。

「今日、初めて会ったけど、いいお母さんじゃないか。君のことを本気で心配してくださっている。愛してくださっている」

まずは、保護者を「ヨイショ」する。私は、こういう「おべっか」を平気で言える。

「こんな素敵なお母さんを悲しませるなよ！お母さんに謝りなさい。そして、二度と悲しませることはしないと、約束しなさい」

私の言葉に、涙する保護者も多い。私の「株」は、大幅アップ。してやったりだ。

第4章

おまけ
『ブラック』
中村の遺言状

誰か「訴えてやる!」と、言ってくれ

一番好きな芸能人、お笑い芸人は、ダチョウ倶楽部の上島竜兵氏だった。彼の言動は、妙におかしい。いや、いるだけで、おかしい。存在が、おかしい。そして、かわいらしい。上島氏は、愛されるキャラクターだった。

『これが俺の芸風だ!!―上島竜兵伝記&写真集―』(上島竜兵文・大橋仁写真、竹書房)という本がある。これ、私が、人生で一番好きな本。

この本で紹介されている「太陽様」(酔っ払った上島氏のこと)の名言が面白すぎ。紹介できるのは、「ワインは〝ボラギノール〟も入ってるからな!」ぐらいか。今の時代、アウトの発言が多いんだよなあ。でも、やっぱ、竜ちゃん、大好きだったなあ。

「だった」と書いたのは、亡くなってしまったから。さみしがり屋の上島氏である。コロナ禍で人に会えないのに、耐えられなかったのだろう。自ら、命を絶ってしまった。彼の一番のギャグは、「訴えてやる！」。このギャグは、大好きだったＴＶ番組「ビートたけしのお笑いウルトラクイズ!!」で生まれた。私は、

「訴えてやる！」と、誰か教師が言ってくれないかな

と、思っている。いや、願っている。

生徒指導主任をしていると、保護者対応に立ち会うことが多い。ひどい保護者だと、夜の11時、12時まで、対応しないといけない。

そんな時、保護者が最初に、こんなセリフを言ってくることが多い。

「これからの話し合いを、録音してもいいですか？」

これ、何度も耳にした「決めゼリフ」。いざとなったら「訴えてやる！」という脅しである。

それなのに、校長は、この申し出を受け入れる。断った校長を見たことがない。

相手が「訴えてやる！」という姿勢で、話し合いに臨んでいるのだ。学校側も、

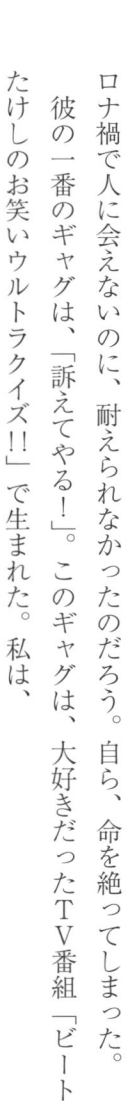

「じゃあ、こちらも、録音させてください」

と、言うべきだ。それなのに、録音を申し出た校長もいない。

私は、学校側も、録音を申し出るべきだと思う。理由は、まずは、自己防衛のため。

たとえば、保護者に、不用意な発言の一部分だけを切り取られ、問題になったとしよう。きちんと文脈で聞けば、それほど問題のある発言ではない。しかし、その部分だけを聞くと、大いに問題があるように感じられる。

政治家の問題発言も、このパターンが多い。発言の一部だけが切り取られる。そして、問題視され、大きく取り上げられる。

保護者も、そんな手を打ってくるかも知れない。だから、

学校側も、話し合いの全てを録音する。
話し合いの一部を、変に切り取られない。そのための、自己防衛だ。

もっと積極的な理由で、録音してもいいな。いざとなれば、学校側が、保護者を訴えるためだ。

保護者は、いざとなれば、訴える気でいるのだ。
学校も、いざとなれば、訴えるという姿勢で、話し合いに臨むべきだ。

最近の保護者は、異様なまでに、情熱的だ。教師の人格攻撃をする保護者も多い。話し合いを録音することで、そんな保護者を冷静にすることができる。

それでも、教師の人格攻撃をする保護者がいたら…教師だって、人間だ。人間なのだから、当然、人権を守られるべき。人権侵害があれば、保護者を訴える。当然の権利だ。

訴えてやる！

こう教師が叫ぶのを、心待ちにしている。そして、保護者相手に裁判を起こすのを、心待ちにしている。

モンスターペアレント全盛の時代である。もちろん、教師が保護者を訴える裁判は、起こっているのだろう。私が、知らないだけなのだと思う。しかし、私が知らないということは、他の教師も、知らない。他の保護者も、知らない。国民の多くが、知らない。

誰か、大々的に「保護者の理不尽な攻撃から、全国の教師を守るため」と宣言して、保護者を訴えてくれないだろうか。

裁判は、マスコミにも、大々的に取り上げてもらう。教師だって、我慢してばかりではない。いざとなれば、保護者を訴える用意があることを、世間に知らしめたい。

教師に対して、理不尽な攻撃をした保護者は、訴えられる。
これが、当たり前の社会にしたい。

教師が一番心を痛めているのが、保護者対応だ。多くの教師が、保護者のせいで、病気になっている。多くの教師が、保護者のせいで、辞めさせられている。

どこかで、誰かが、保護者の暴挙を止めなければならないのだ。

と言いながら、自分ではしないなあ。私は、面倒くさがり屋なので、保護者と争いたくはない。多くの教師も、同じなのだろう。裁判に時間を取られるのは、面倒だ。

しかし、いつか誰かが、立ち上がるしかない。裁判に勝って、全国のモンペを黙らせる日が、きっと来る。そんなヒーローの誕生を、全国の教師は待っている。

騙してでも、教師にするしかない

最近、教師の数が、足りていない。下手をすると、4月の最初に、担任が決まっていない。そんな異様な事態も、起きているようだ。

産休や病休の代わりの臨時採用（講師）もいない。仕方ないので、定員減を受け入れる。そして、今いるメンバーで、なんとかやりくりしている。それが、現状だ。

こんな現状では、ますます現場は、忙しくなる。そして、ますます教師のなり手が、いなくなる。悪い循環に入ってしまっている。

私は、困難校に、多く勤めてきた。困難校では、20年ぐらい前から、教師不足に悩まされてきた。

学級崩壊が起きる。心を痛めた担任が辞める。担任の代わりを探す。しかし、困難校の悪評は、地域に知れ渡っている。誰も、困難校の担任をしたがらない。
ということで、代わりの担任が見つからないことも多かった。そんな時は、どうしていたか？

困難校の実情を知らない人間を、騙して連れてくる

のだ。これ、公然と行われていた手。

ある時は、通勤に1時間半もかかる教師を連れてきた。別の地域なら、困難校の噂は広まっていない。そこで、困難校の実情を知らせずに、連れてくるのだ。この頃は、臨時採用（講師）を希望する人も多かった。採用待ち、なんて講師もいた。だから、なんとか、引き受けてくれていたのだ。

ある時は、他県の大学院生を連れてきた。他県なので、困難校の悪評は知らない。大学院生なので、現場の厳しさも知らない。騙すには、うってつけの人材だ。

教員採用試験の志願者も、減っている。多くの県で、2倍を切った。まあ、2倍あったとしても、今は、他県と併願できる。実質、1倍を切っている県もあるだろう。

では、教員採用試験の志願者を増やすには、どうすればいいか？簡単に言えば、教師になりたい人間を増やすには、どうすればいいか？ということだな。

騙して、教師になりたい、と思わせればいい。

たとえば、教育実習である。教育実習の受け入れ先を限定する。落ち着いた学校ばかりにするのだ。

私が今勤務している学校は、非常に落ち着いた学校だ。担任6人のうち、1年目から3年目までが、3人もいる。初任者でも、余裕で、勤まる学校である。

子どもたちも、すごくかわいい。とっても素直だ。教師にも、懐いてくる。

こんな学校で教育実習をすれば、教師っていい商売だ、と思うだろう。教師になりたい、と思うだろう。

いずれにせよ、日本の学校、教育は、危機的な状況である。どんな手を使っても、人材確保が急務なのだ。騙してでも、どんな手を使ってでも、教師になりたい人を増やすのだ。

俺が楽しければ、いい

「中村先生が、一番大切にしていることは、なんですか？」

セミナーの最後に行われるQ＆A。若手教師から、こんな質問を受けることが多い。

そんな時、私の答えは、決まっている。

俺が楽しいのが、一番！

私は、サービス精神が旺盛な男である。サービス精神が旺盛だから、教師になったと言ってよい。多くの教師が、同じだろう。

そんな私が楽しいのは、どんな時か？子どもたちが、楽しそうな時だ。子どもたちが、成長する姿を見せてくれた時だ。できなかったことが、できるようになった時だ。

私が楽しい時は、子どもたちも楽しい。私が楽しい時は、子どもたちが成長している。これ、間違いない。だから、私は、自分が楽しいことにこだわる。

この前のセミナーも、楽しかった。「伝言ジェスチャー」というネタをした時のこと。説明を「簡単に」して、1列、実際にやってもらった。1番目の若手教師に、お題「野球」を伝える。すると、その教師は、「言葉で」次の人に「野球」と伝えたのだ。

実は、これは、私の常套手段。最初、説明をあえて「簡単に」する。曖昧な部分を残しておくのだ。すると、参加者は、意外な行動に出ることが多い。私は、それをツッコんで、笑いに変える。この時も、

「あのねえ!これ、そのまま『野球』って、伝わっていくだけでしょ。何が面白いの(笑)。伝言『ジェ』!『ス』!『チャー』!ジェスチャーで伝えないと、ダメじゃん(笑)」

私が、笑顔でツッコむ。すると、会場は、大爆笑になった。

その時、私は、すぐに思いついた。これ、最後まで、実際に「言葉で」伝えていくと面白いな、と。思いついてしまったら、止まらない。実際に、見てみたくなってしまった。

「じゃあ、言葉で伝えてみようか。やってみて」

1番目の若手教師が、2番目の教師に、言葉で「野球」と伝える。2番目が3番目に、

言葉で「野球」と伝える。当然、間違えることもない。淡々と「野球」という言葉が伝えられていく。その様子に、笑いが起きる。最後の人まで伝わったところで、私が聞く。

「正解は…?」「……野球?」

この微妙な間が、たまらない。

くだらないことを思いついたら、止まらなくなってしまう。これは、私の性癖だな。

さらに、このセミナーで、「5音限定しりとり」というゲームをした時のこと。賞品を私の本にした。会場後ろで、売っているものだ。

ちなみに、最初のゲーム「ピ・ピ・ピ・ピ・ピクショナリー」の賞品は、宝くじ。やっぱ、ゲームは賞品があると盛り上がるんだよなあ。盛り上げるためなら、私はなんでもする。

「5音限定しりとり」は、予想以上に続いてしまった。私は、セミナーの時間を延ばすのが絶対に、嫌。ということで、午後からの講座の最初に「5音限定しりとり」を仕切り直すことにした。もちろん、私の本を賞品にしてである。

しかし、昼休みの間に、本が全部売り切れてしまった。さあ、どうする?もう一度、宝くじを買ってくるか?ちょうど、お昼ご飯を食べに行った時に、宝くじ売り場を見つけた。

でも、また宝くじも、芸がない。もっと、くだらないものはないか?参加者のやる気を奪ってしまうような、賞品はないか?そうだ!ファミチキで、どうだ!?思いついたら、止まらない。講座の時間に合わせて、ファミチキ10個を予約した。

ファミチキが賞品である。参加者の「勝ちたい!」というエネルギーは、微妙。この微妙さが、最高におかしかった。

残ったファミチキは、他の講師の本と一緒に売った。しかし、売れない。そこで、どんどん値下げした。完売したのは、50円にした時だ。まあ、セミナーで、ファミチキは、買わないよな。まあ、これも、楽し。セミナーでファミチキは売れないと、学んだし(笑)。

本当に、今回が、最後の『ブラック』だ。だから、最後は、書きたいように書いた。特に、第1章なんて、『ブラック』じゃない。私の好きな「お笑い」の要素が強い。

でも、それでいいのだ。『ブラック』を書くのも、俺が楽しいのが、一番だ!

俺の楽しみに付き合ってくれた読者に感謝!11年間も、ありがとう!

いざ、別れの時。では、サラバ。『ブラック』よ、永遠に!

「今」だけ見るな！「未来」を見て、教育するのだ！

読者へのお礼も言った。これで『ブラック』、終わったと思ったでしょ。俺も、思った。でも、前の話では、ラストを飾るには、弱いんだよな。最後に、企業秘密を暴露。実は、

『ブラック』は、「読後感」に、ものすごくこだわって書いてきた。ラストは、わざと「余韻」が残る書き方をするのだ。

映画だって、ラストシーンが勝負だ。良い映画は、見た後に余韻が残る。悪い映画は、見て終わりである。試しに、『ブラック』11冊を並べて、最後だけ読んでみるといい。いかに、私がラストにこだわって書いているかが、分かるだろう。

さて、本題。コロナが終わった。それを実感したのは、今年の3月だ。

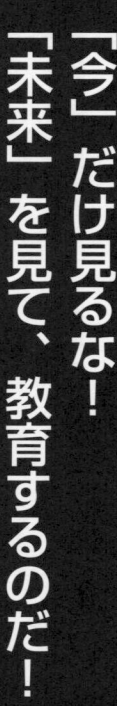

コロナ前、ずっと続けてきた「教職を目指す学生と教師をつなぐ会」が、復活した。毎年、梶川高彦氏が企画してくれる会だ。

大学では、授業づくりは、教えてくれる。しかし、学級づくりは、教えてくれない。

私は、学級づくりの土台があって、授業づくりが成り立つと思っている。その証拠に、崩壊学級では、授業は成り立たない。

大学が教えないなら、俺たちが、学級づくりを教えよう。そんなコンセプトで、2014年から続けてきた。そんな大切な会が、コロナで中止。本当に、「コロナのバカ」だ。

しかし、3月、「教職を目指す学生と教師をつなぐ会」が復活した。心から、コロナが終わったことを喜んだものだ。

大好きな大人の1人、渡邉尚久氏との交流も復活した。彼の書いた『7つの習慣　小学校実践記　ミッションが書けた！自分が変わった!!』（FCEパブリッシング）は、3万部を超える大ベストセラーだ。教育書で3万部は、奇跡の数字。本当に、すごい男である。

そんな渡邉氏は、今は、校長。校長として、自分の学校の校内研修に呼んでくれた。今年の3月のことである。喜んだ私は、スーツにネクタイで、校内研修に臨んだ。しかし、騙された。お金を取る、普通のセミナーだった。いつも通り、Tシャツにすれば良かった。

騙された上に、驚くほど、働かされた。講師は、私オンリー。それなのに、1日講座。歳取った私は、ヘトヘトだ。最後は、参加者だけでできるネタで、誤魔化した。

そんな私が、夏休みも、渡邉氏が企画する校内研修を引き受けた。それは、お気に入りの参加者がいたから。容姿は、石田ゆり子似の美人である。しかし、呑み会が、昭和。毒舌がすごい。男の若手教師を容赦なく、イジる。イジるだけイジって、彼女の「決めゼリフ」。

訴えるなよ!

上島竜ちゃんの「訴えてやる!」のイメージだ。「訴えてやる!」が昭和なら、「訴えるなよ!」は、令和。令和にふさわしいギャグに、私は、涙を流して、笑ってしまった。

笑っているだけでなく、考えた。

令和の我々は、「訴えるなよ!」の精神が、身につきすぎていないか?
訴えられないために、人間関係が、疎遠になっていないか?

事実、「訴えるなよ！」と叫ぶ石田ゆり子似は、人気があった。若手教師たちが、彼女の周りに集まっていた。私も、吸い寄せられていった。石田ゆり子似を中心に、人間関係が「密」なのを感じた。昭和は、人と人との距離が近かった。

少し、話を変える。最近、「危機管理研修」が行われることが多くなった。重大事故の裏に潜む「ヒヤリ・ハット」に気づき、事故を未然に防ぐことの大切さが、力説される。これも、発想は「訴えるなよ！」。訴えられないために、問題を起こさないようにする。もちろん、予防は、大切だ。『ブラック』でも、くり返し、予防の大切さを述べている。予防して、「いじめ」などの問題が、クラスに起こらないようにする。

一番の予防は、学級崩壊させないこと。崩壊学級では、いじめ、暴力、靴隠し、などなど、様々な問題が起きる。逆に、安定した学級をつくれば、これらの問題は、起こりにくい。

しかし、問題を起こさなければ、それで良しなのだろうか？

たとえば、ケンカである。どうやって解決するのか？どうやって仲直りするのか？ケンカを通して、学ぶことは多い。それなのに、全くケンカが起こらないクラスをつくってしまったら…子どもたちは、ケンカの解決法を知らないまま、大人になってしまう。

ケンカが全く起こらないクラスをつくるのは、簡単だ。子どもたちの関わりを、一切禁止してしまえばいい。ケンカが起こらないように、誰とも遊ばせない。誰ともしゃべらせない。ケンカが起こるわけがない。子どもを徹底的に「管理」すれば、問題は起こらない。しかし、子どもたちを管理しすぎてしまっては、ダメなのだと思う。

子どもから、失敗する権利を奪うな。成長するチャンスを奪うな

と、強く訴えたい。石田ゆり子似に、「訴えるなよ！」と言われても、訴えたい。

子どもは、失敗する生き物だ。そして、失敗を通して、成長する生き物だ。

こんな視点を、みんなが忘れている。昭和の私は、「わんぱくでもいい、たくましく育ってほしい」と、思っている。子どもは、もまれて、成長するものだと、思っている。

「ヒヤリ・ハット」の考えをもとに、いろいろなことが禁止されている。

たとえば、体育倉庫である。体育倉庫の開け閉めは、体育委員会の子がすることが多い。

しかし、ある市では、体育倉庫のシャッターで、子どもが指をケガする事故があった。その市では、子どもが体育倉庫のシャッターを触ることを禁止した。

私は、「お子様」を「過保護」に扱いすぎだと思う。

確かに、シャッターに触らせなければ、ケガをすることはない。でも、それでいいのか?禁止したら、安全にシャッターの開け閉めをする方法を学ぶことはない。シャッターに触ったことのない人間ばかりが、大人になってしまったら…我々老人が、ずっとシャッターの開け閉めをしないといけない。そんな社会、嫌だよなあ。

話が、極端になってしまった。しかし、私が言いたいことは、分かってもらえたと思う。

甘やかしすぎると、子どもはダメになる。
問題や事故が起こらなければいい、という発想は、「今」しか見ていない。
子どもたちの「未来」を見るのだ。「未来」を見て、教育するのだ。

最後に名言を遺して、『ブラック』は、去る。今度こそ、本当のラストだ。

【著者紹介】

中村　健一（なかむら　けんいち）

1970年，父・奉文，母・なつ枝の長男として生まれる。

名前の由来は，健康第一。名前負けして胃腸が弱い。

酒税における高額納税者である。

キャッチコピーは「日本一のお笑い教師」。「笑い」と「フォロー」をいかした教育実践を行っている。しかし，この『ブラックシリーズ』でその真の姿，「腹黒」をカミングアウト。

【主要著書】

『策略―ブラック学級づくり』

『策略プレミアム―ブラック保護者・職員室対応術』

『策略―ブラック授業づくり』

『策略―ブラック学級開き』

『策略―ブラック運動会・卒業式』

『策略―ブラック生徒指導』

『策略―ブラック学級崩壊サバイバル術』

『策略―ブラック新卒１年目サバイバル術』

『策略―ブラック仕事術』

『策略―ブラック授業技術』

（以上，明治図書）

策略―ブラックトーク術
子どもを騙す話し方

2025年２月初版第１刷刊　©著　者　中　村　健　一
2025年７月初版第２刷刊　発行者　藤　原　光　政
発行所　明治図書出版株式会社
http://www.meijitosho.co.jp
（企画）佐藤智恵（校正）武藤亜子
〒114-0023　東京都北区滝野川7-46-1
振替00160-5-151318　電話03(5907)6703
ご注文窓口　電話03(5907)6668
＊検印省略　組版所　株式会社カシヨ
本書の無断コピーは，著作権・出版権にふれます。ご注意ください。
Printed in Japan　ISBN978-4-18-390036-4
もれなくクーポンがもらえる！読者アンケートはこちらから
→